成唯識論掌中樞要

（唐）窺基大師 著

理無不窮。事無不盡。文無不釋。義無不詮。
疑無不遣。執無不破。行無不修。果無不證。
勤修大行證大菩提。廣爲有情常無倒說。

成唯識論掌中樞要卷一

唐京兆大慈恩寺沙門窺基撰

述記一卷三右四

今解論文略作五門分別一明時益

一明時一敘古一敘說二斥非二述今一述文二示教

二明益一敘文一敘別二會文二屬教一立宗二屬教

二辨宗體

一辨宗一異宗一外道二小乘二同宗一邊宗二中道

二辨體一異體一外道二小乘二同體一邊體二中體

三歸名乘

一歸名　一敘名　一敘古　二敘今　二歸名　一名歸　二意歸
二歸乘　一敘乘　一敘異　二會同　二歸乘　一辨義　二正歸

四攝藏分
一攝藏　一敘藏　一異計　二自宗　二攝藏　一義辨　二正歸
二攝分　一敘分　一敘相　二純雜　二攝分　一義辨　二攝分

五敘因釋
一敘因　一敘時　二敘主　二正釋　一正科　二正釋

又解論文初以三門分別　一彰論同異
一敎益有殊　一輪益　先異計　後大乘　二義益　先異計　後大乘
二時利差別　一敘古　初敘說　後斥非　二述今　初述文　後示敎

三詮宗各異 一異宗 初外道 後小乘 二同宗 初邊宗 後中宗

四體性不同 一異體 初外道 後小乘 二同體 初邊體 後中體

二歸敎所在

一歸名 一敘名 先古名 後今名 二歸名 先歸本 後歸末

二歸藏 一敘藏 初敘異 後大乘 二歸藏 初義辨 後正歸

三歸分 一敘分 先敘相 後純雜 二歸分 初義辨 後正歸

四歸乘 一敘乘 初敘異 後會同 二歸乘 初義辨 後正歸

三敘釋所因

一敘因緣 一敘本因 二敘末因

二敘年主 一敘年 二敘主

三釋分段一本分二末分
四釋論文一釋本二釋末
然初五門十義仍以三門總勒一彰論同異二敎歸所在三敘釋題文。彰同異中略復開三一爲對異宗顯自宗別二爲對異敎顯自敎體三爲被機感廣說時機。敎歸在中復開爲三一十二分敎何分所攝二二三藏等何藏所攝三一二乘等何乘所攝釋題文中又開爲三一敘論年主二釋論題目三解論本文。又解此論三門辨釋。一敘論所因二解論題目三判釋本文。敘論所因者瑜伽論釋略作是言諸有情類

無始時來於法實相無知僻執起惑發業輪迴五趣
如來出世隨宜爲說處中妙理令諸有情了達諸法
非空非有遠離疑執起處中行隨應滅障各自修滿
得三菩提證寂滅樂佛涅槃後因彼大天部執競興
多著有見龍猛菩薩證極喜地採集大乘無相空教
造中論等究暢眞要除彼有見聖提婆等諸大論師
造百論等弘闡大義由是衆生復著空見無著菩薩
亦登初地證法光定得大神通事大慈尊請說此論
理無不窮事無不盡文無不釋義無不詮疑無不遣
執無不破行無不修果無不證正爲菩薩令於諸乘

境行果等皆得善巧勤修大行證大菩提廣爲有情常無倒說兼爲餘乘令依自法修自分行得自果證所以中宗五分盛行於四主相應十支傳流於五印時有筏蘇畔徒菩薩唐言世親無著菩薩同母弟也位居明得道鄰極喜亦博綜於三乘乃徧遊於諸部知小教而非極遂迴趣於大乘因聞誦華嚴十地品阿毗達磨攝大乘品悔謝前非流泣先見持刀截舌用表深衷其兄處遠三由旬遙舒一手止其自割說以利害汝雖以舌謗法豈截舌而罪除早應讚釋大乘以悔先犯菩薩敬從兄諾因歸妙理兄乃囑以十

地經制以攝大乘本令其造釋故此二論菩薩創歸大乘之作既而文蘊玄宗情恢奧旨更爲宏論用暢深極探撮幽機提控精邃遂著唯識三十頌以申大乘之妙趣也萬象含於一字千訓備於一言道超羣典譽光衆聖略頌既畢廣釋方陳機感未符杳從冥往後有護法等菩薩賞翫頌文各爲義釋雖分峯崛岫疏幹瓊枝而獨擅光輝頴標芳馥者其惟護法一人乎菩薩果成先劫位尅今賢撫物潛資隨機利見春秋二十有九知息化之有期厭無常以禪習誓不離於菩提樹以終三載之年禪禮之暇注裁斯釋文

邁肯遠智贍名高執破畢於一言紛解窮於半頌文
殊水火則會符膠漆義等江湖則疏戚清濁平郊弭
弭聳層峯而接漢塠埠峨峨夷穹窿以坦蕩俯鑽邃
而無底仰尋高而無際疏文淺義派演不窮浩句宏
宗陶甄有極功逾千聖道合百王時有玄鑒居士識
鳳鵷之歛羽委麟龍之潛跡每罄所貲恆為供養深
誠固志物竭積年菩薩誘掖多端答遺茲釋而誡之
曰我滅之後凡有來觀卽取金一兩脫逢神潁當可
傳通終期旣漸奄絕玄導菩薩名振此州論釋聲超
彼土有靈之類誰不懷欽朝聞夕殞豈悋金璧若市

趍賢如岳疊貲五天鶴望未輙流行。大師叡發天資識假修謁無神迹而不瞻禮何聖教而不披諷。聞斯妙理慇懃俯諦求。居士記先聖之遺言必令賢之是屬乃奉玆草本并五蘊論釋。大師賞翫猶覩聖容每置掌中不殊眞說。自西霏玉牒東馳素象雖復廣演微筌賞之以爲秘決。及乎神栖別館景阻炎輝淸耳目以淵思蕩心靈而繹妙。乃曰今者方怡我心耳。宣尼言我有美玉韞匵藏之誰爲善估我今沽諸。基夙運單殊九歲丁艱自爾志託煙霞加每庶幾緇服浮俗塵賞幼絕情分。至年十七遂預緇林。別奉明詔得爲門侍自參預三千卽欣規七十必諧善願後承函丈不以散材之質遂得隨伍譯僚事卽操觚湌受此論初功之際十釋別翻昉尚光基四人同受潤飾執筆撿文纂義既爲令範務各有司數朝之後基求退迹大師固問基慇請曰自夕夢金容晨趍白馬英髦閒出靈智肩隨聞五分以心祈攬八藴而遐望雖得法門之糟粕然失玄源之淳粹今東出策賚並目擊玄宗幸復獨秀萬方頴超千古不立功於參糅可謂失時者也況羣聖製作各馳譽於五天雖文具傳於貝葉而義不備於一本情見各異禀者無依況時漸人

澆命促慧𣥠討支離而頗究攬殊旨而難悟請錯綜羣言以爲一本楷定眞謬權衡盛則久而遂許故得此論行焉大師理遣三賢獨授庸拙此論也括衆經之秘苞羣聖之旨何滯不融無幽不燭仰之不極俯之不測遠之無智近之有識其有隱括五明披揚八藏幽關每擁玄路未通喻猶毫氂岳盈投之以炎爍霜氷潤積沃之以畏景信巨夜之銀燀昏旦之金鏡矣雖復本出五天然彼無茲糅釋直爾十師之別作鳩集猶難況更摭此幽文誠爲未有斯乃此論之因起也釋題目者梵云毗若底丁伱反識也摩呾剌多唯也悉

提成也畬薩咀羅。論也應云識唯成論順此唐言成唯識論。梵音成唯識於女聲內以呼之。或毗若底摩咀剌多毗輸度迦淨也畬薩咀羅應言識唯淨論。今云淨唯識論。此論第十卷末解云此論三分成立唯識故此論名成唯識論。則本名唯識釋論名成。然依世親三十論本於題目下別注之云此論亦名成唯識論以三十論教成立唯識也如說無垢稱經佛告名云說無垢稱不可思議解脫法門經然經題云說無垢稱經題下別注云亦名不可思議解脫此亦如是別亦名成。且如天親所造二十唯識下末頌云我已隨自

能略成唯識義亦名成唯識然今護法所造之釋多
與本論立名不同二十唯識釋名唯識道論此論名
成釋論之稱故論末云此本論名三十唯識又云此
論三分成立唯識故知唯識本論之名今釋名成成
非本稱但取本論正名不取別注名也或有唯本非
釋名如辨中邊或有唯釋非本名如唯識道論或有
本釋二名如雜集論今唯釋名或是通名其成唯識
唯識之成蘇漫多聲中第六屬主者即八囀聲其此
聲論辨此聲中蘇字居後漫多是後義則是蘇字居
後聲也底彥多聲有十八囀辨此聲中底字居後彥

多是後義則是底字居後聲也爲簡此聲言蘇漫多。緐三磨娑釋中依主釋也緐者六也三磨娑合也則六合釋初離後合故因論生論一字既無詮表如何緐言可是六也今依梵本有沙吒多三字合之方成緐言故非一字有詮表也成乃能成之稱以成立爲功唯識所成之名以簡了爲義者安教立理名之曰成識謂能了詮五法故唯有三義識詮五有唯簡二空唯謂簡持有心空境是唯義也簡去境持取心故說簡持是唯義也亦決定義及顯勝義了謂了別詮辨作用是識義也了別於境是識用故此言唯者安慧一分唯難陀二分唯陳那三分唯於中有實有假二說護法四分唯論多依三分教理有四分釋唯識名如章中解合有十義釋成唯識一經言唯識論解名成二本論名唯識釋論名成三經及本論俱稱唯識今釋名成四宗稱唯識因喻曰成論本略舉所立名宗今義廣成故名因喻具述所以引同異法以成所立二十論云安立大乘三界唯識陳那釋云因喻成宗名為安立此中名成義亦同也五體名唯識義釋名成本論略標其體未識差別今廣明義具顯差別故名為成六略名唯識未解深義廣曰能成具陳

指實此後二解依瑜伽論攝釋分解凡釋經法初體後義初略後廣故七以教成教八以教成理九以理成教十以理成理問此後四釋依何得知答論末頌云已依聖教及正理又云此論三分成立唯識故知能成通教及理論初頌云我今釋彼說說即本論所立之教或所說之理二義皆通論末又云以三十頌顯唯識理極明淨故頌云分別唯識性相義義則是理故知所成亦通教理論者俱舍云教誡學徒故稱爲論瑜伽釋云問答決擇諸法性相故稱爲論初解依悲利衆生故後解依智辨諸法故成唯識即論成

唯識之論準義應知何故此論名成唯識不名成餘亦成餘義故欲令證得唯識理智而成立之如瑜伽論此通教理從多唯識爲名或復今者無倒成立唯識妙理如成實論亦通教理從所詮爲名或破執實心外有境不能信學唯識妙理而成立之如成假論亦通教理成是立義或復此論依於唯識甚深理智而成立之如水陸華對法論等依彼起故或恐唯識妙理散滅今者略攝廣散義故成立之如攝大乘又一切法中心最爲勝如華嚴云心如工畫師畫種種五蘊一切世間中無法而不造等所以成立問準下

正宗或分爲二一因二果或分爲三如疏中解或分爲四初一頌半總標綱要分第二十四頌半廣陳能變分第三有九頌結釋外難分第四有五頌依修獲益分或分爲五前第三分中開一頌爲重陳變義分。如是諸釋則是成立隨所應義何故但名成唯識論。答從初所明爲名彼依識所變故如瑜伽論。又從初二段爲名中分亦有唯識言故謂是諸識轉變等也。或從初中後所明爲名第三段云乃至未起識求住唯識性等故或後二段意欲解釋初略標故或雖所明通一切法無非唯識故不名餘。又本欲成立唯識義。故此上立成唯識名之意歸也。釋題目中有五唯識爲所觀。三慧爲能觀。又境教理行果五種唯識如章中解。境唯識中處處經中就機種種異說。或依所執。或就雜染。或隨所執及有爲。或但隨有情。或隨指事。或隨空有一切諸法以明唯識。各有誠文義如章說。依境教理行果五唯識中此論有義但明境唯識捨離外取境一切境不離心故。如文具顯。有義但說教唯識。成論本教釋彼說故。有義但取理唯識。成立本教所說之理分別唯識性相義故。有義但取行唯識明五位修唯識行故。有義但取果唯識求大果故安樂解脫身大牟尼名法身故。今依正義五種皆是。雖依第三分云已依聖教及正理分別唯識性相義。及云我今釋彼說唯取教理說。依教理成彼性相性相則攝一切盡故。一切皆取於理爲勝。問何故四依勸依智不依識此論名唯識不名唯智耶。問餘三依亦如是。如唯識章釋名中釋。又釋論名法如宗輪述記說。

述記一卷　五右二

所被機中有三。初述異次會同後被機。初述異者法華經說十方佛土中唯有一乘法無二亦無三除佛方便說以教準機唯有一機涅槃亦言師子吼者是決定說一切眾生悉有佛性眾生亦爾悉皆有心凡有心者悉皆當得阿耨多羅三藐三菩提故諸眾生唯有佛性準天親攝論云上乘下乘有差別故菩薩聲聞各有三藏不論獨覺不定無姓有別廣教則分爲二獨覺無性皆無別藏十力等中根上下智力亦唯有二準善戒經持地論文立爲二一有姓二無姓無始法爾六處殊勝有姓也唯以人天善根而成就之無姓也準法華經亦可說有三乘三乘者授以三乘故彼論云四種聲聞不爲趣寂增上慢者而受記

故有果乘故。但說有三。依涅槃經亦有三。如病人有三。一若遇不遇良醫決定可差。菩薩也。二遇則差。不遇不差。二乘也。三遇與不遇皆不可差。無姓人也。依大般若經第五百九十三第十六會云。在白鷺池側說時善勇猛菩薩請言。唯願世尊哀愍我等爲具宣說如來境智。若有情類於聲聞乘姓決定者聞此法已速能證得自無漏地。於獨覺乘姓決定者聞此法已速依自乘而得出離。於無上乘姓決定者聞此法已速證無上正等菩提。若有情類雖未已入正姓離生。而於三乘姓不定者聞此法已皆發無上正等覺

心。唯願如來爲答所問此經唯說有種姓人入聖道
者故無第五無種姓人大悲闡提。又斷善人未能入
聖此亦不說。又勝鬘經云謂離善知識無聞非法衆
生以人天善根而成就之求聲聞者授聲聞乘求緣
覺者授緣覺乘求大乘者授以大乘是名攝受正法
堪能荷負四種重任。此中以通從別有姓爲三無姓
爲一。又依十卷楞伽經中第二卷末。四卷者第一卷
說大分亦同。佛告大慧有五種姓證法一聲聞乘姓
二辟支佛乘姓三如來乘姓四不定乘姓五者無姓
謂一闡提。此有二種。一者焚燒一切善根則謗菩薩

藏二者憐愍一切衆生作盡一切衆生界願是菩薩也若衆生不入涅槃我亦不入大慧白佛此二何者常不入涅槃佛言菩薩常不入涅槃非焚燒一切善根者以知諸法本來涅槃不捨一切諸衆生故大莊嚴論第一卷種姓品說五種種姓三乘定及不定四同楞伽第五姓中說有二種一時邊二畢竟時邊有四頌曰一向行惡行普斷諸白法無有解脫分善少亦無因畢竟無者以無因故此中時邊應云暫時梵云溼迦羅阿波利瞎縛喃達磨溼者暫也迦羅時也阿名無也波利圓也瞎縛喃寂也達磨法也則暫時

無圓寂法若時邊等者應云迦羅案多阿波利瞎縛
喃案多是邊故餘義同前瑜伽所說五姓如疏文敘
同者餘文如前自便和會楞伽所說二種闡提初是
斷善根具邪見者後是菩薩具大悲者初者有入涅
槃之時後必不爾以衆生界無盡時故無姓有情不
成佛故大悲菩薩無成佛期然第五姓合有三種一
名一闡底迦二名阿闡底迦三名阿顚底迦一闡底
迦是樂欲義樂生死故阿闡底迦是不樂欲義不樂
涅槃故此二通在斷善根人不信愚癡所覆蔽故亦
通大悲菩薩大智大悲所熏習故阿顚底迦名爲畢

竟畢竟無涅槃姓故。此無姓人亦得前二名也前二久久會當成佛後必不成。楞伽但說具前二名有姓闡提。莊嚴通說有姓無姓二種闡提。瑜伽楞伽二種斷善果必當成因現未成斷善根故。楞伽大悲因現定成果必不成以眾生界無盡時故。無種姓者現當畢竟二俱不成。合經及論闡提有三。一斷善根二大悲三無姓。起現行性有因有果。由此三人及前四姓四句分別。一因成果不成謂大悲闡提。二果成因不成謂有姓斷善闡提。三因果俱不成謂無姓闡提。二乘定姓。四因果俱成謂大智增上不斷善根而成佛者總而言之涅槃據理性及行性中少分一切唯說有一攝論據有姓利鈍根以明但分上下善戒經依有無類別說有無二姓又涅槃依有姓利鈍以分二無姓為一故病分三法華化不定不別分別總相說三般若說請問入道說有姓非無姓勝鬘喻貧四類擔隱不定姓以通從別不超三類故楞伽依有姓以辨當成不成雖說有五不說無姓莊嚴論中具別分別因果之性俱不現行第五離二不說大悲瑜伽總談生類姓之有無雖陳五種第五之中不說大悲及斷善者大乘有姓眾所共許定性二乘及無姓者入

所不悉如瑜伽六十七決擇中說問何故楞伽不說無姓瑜伽不說大悲闡提答教所被機時衆別故楞伽爲顯大悲菩薩是第五姓五種種姓皆談有故遂隱五中無姓不論瑜伽據理五姓類別縱斷善者入前姓中據用雖無種體有故大悲斷善則是第一或第四中但說無姓爲第五中所以不說大悲菩薩決擇六十七有五難無姓有情一說無疑起難二有情無根難三諸界互轉難四應具諸界難五無應轉有難答即有六一敎理並違答二假設非例答三非喻乖理答四互喻無別答五背法不齊答六縱轉不成

答。謂有難言云何而有畢竟無般涅槃法耶。應詰彼言諸有情類種種界姓無量界姓下劣界姓勝妙界姓爲有爲無。若言有者無有畢竟無涅槃法者不應道理。此亦違理。則唯識云有性法爾無此不然。若言無者。經言諸有情類有種種界姓乃至勝妙界姓不應道理。此亦違經無性卽是下劣界攝。復有難言有情雖有種種界姓乃至勝妙界姓而言無有無根有情。如是無涅槃法何故不爾。或應許有無根有情。應詰彼言諸無根者爲是有情爲非無情。若是有情外無根物應是有情。假設爲難非他所許。若非有情而言何不許有無根有情者不應道理姓非無根何得例難復有難言如作刹帝利已復作婆羅門吠舍戍達羅如是乃至作那落迦已或時乃至作天如是何故不作無涅槃法已或時復作有般涅槃法耶應詰彼言諸類相轉爲有一切界爲獨有一耶若有一切喩不相似彼無一切故爲非喩若獨有一先是刹帝利等乃至轉爲餘類不應道理乖正理故復有難言如刹帝利等具一切界如是無般涅槃法何故不有般涅槃法界耶應詰彼言有界無界爲互相違爲不爾耶若互相違而言無法何故不有般涅槃法不應

道理互相違故若不相違則此有情是無亦有般涅槃法不應正理無別體故復有難言現見一地於一時間無金種姓或時則有乃至一時無鹽種姓或時則有或於一時有諸界姓或時則無如是先無般涅槃法種姓何故不於一時成有般涅槃法種姓耶應詰彼言如地方所先無此姓後有此姓或先有此姓後無此姓如是先有聲聞種姓後無是姓乃至先有大乘種姓後無是姓先有不定姓後無是姓耶若言爾者順解脫分善應空無果又若爾者立定種姓不應道理若不爾者汝言先住無姓後住有姓如地方

所有種姓者先住有姓後住無姓如地方所不應道理。又應責彼無涅槃法下劣界者爲即此生轉成有姓爲於後生若即此生彼遇緣已於現法中爲能起順解脫分善爲不能耶若言能者現起善根而言無姓不應道理。若言不能彼遇良緣現法不能起順解脫善而言轉成般涅槃法者不應道理。若言後生方成有姓彼爲先生積集善根後生遇緣方起彼善爲先不集若言先集彼於此生值遇良緣能起善根而言後生方成有性不應道理。又如彼因應空無果若先不集是則此人前後相似俱未集善而言後生方成有姓非此生者不應道理證二一乘定姓者云華嚴第四十離世間品云佛子菩薩摩訶薩於兜率天臨命終時有十種果現第三於右手掌中放大光明名淨境界悉能嚴淨大千世界此世界中若有無漏諸辟支佛覺斯光者即捨壽命入於涅槃若不覺者光明力故移置他方餘世界中莊嚴論第一卷云餘人善根涅槃時盡菩薩善根不爾又云三乘衆生由界差別故種性差別涅槃經云我於經中為諸比丘說一乘一道一行一緣如是一乘乃至一緣能為衆生作大寂靜永斷一切繫縛愁苦苦及苦因令一切衆

生至於一有我諸弟子聞是說已不解我意唱言如來說須陀洹乃至阿羅漢皆得佛道又攝大乘爲十義故說一乘引攝不定姓故又法華論中四種聲聞不爲趣寂授記故楞伽瑜伽五姓差別如是非一量云二乘之果應有定姓乘所被故如大乘者無種姓人證者涅槃三十六云善男子若說一切衆生定有佛姓是人名爲謗佛法僧若說一切定無佛姓此人亦名謗佛法僧又涅槃云譬如病人有其三種一者若遇良醫妙藥及以不遇必當得差二者若遇卽差不遇不差三者遇與不遇要不可差初是定姓大乘

次爲不定姓第三即是定姓二乘及與無姓。又涅槃云善男子如是諍訟是佛境界非諸聲聞緣覺所知若人於此生疑心者猶能摧壞無量煩惱如須彌山若於是中生決定者是名執著如是執著不名爲善。又三十六云善男子我雖說言一切衆生悉有佛姓衆生不解佛如是等隨自意語善男子如是語者後身菩薩尙不能解況於二乘其餘菩薩。又恆河七八第七常沒。又善戒經種姓品云無種姓人雖復發心勤行精進終不能得無上菩提。又彼經云無種姓人但以人天善根而成就之。又莊嚴論無涅槃法有二一時邊二畢竟等如前已說又勝鬘云離善知識無聞非法衆生以人天善根而成就之等金剛經云毛道生今云愚夫生梵云婆羅去聲此云愚夫本錯云縛羅乃言毛道無姓量云所說無姓決定應有有無二姓隨一攝故如有姓者或聖所說故如說有姓

述記一卷十二右二

諸經論中或唯有正宗無序流通如瑜伽等或唯有初中無後如顯揚等或唯有中後無初如集論二十唯識等或三分具有如成唯識等眞諦所翻二十唯識三分具有菩提流支所譯與大唐同無初有餘二

無唯初後無中分者。以造論者必有所明故。釋稽首義。如章中釋。

述記一卷十四右六

釋諸歸敬三寶中有唯歸佛非法僧者。舊地持云敬禮過去未來世現在一切佛世尊發菩提心論云敬禮無邊際去來現在佛等空不動智救世大悲尊俱舍初頌亦唯歸佛。有唯敬僧非佛法辨中邊云稽首造此論善逝體所生及教我等師當勤顯斯義。無唯敬法。古所翻二十唯識初唯敬佛法。云修道不共他能說無等義頂禮大乘理當說立及破。有唯敬佛僧無法龍樹十住論云敬禮一切佛及諸菩薩衆聲聞辟支佛無我我所者有唯敬法僧無佛世親金剛波若論云法門句義及次第世間不解離明慧大智通達教我等歸命無量功德身法救雜心亦云敬禮尊法勝所說我頂受我達磨多羅說彼未曾說此皆敬論主及所造論有三寶通敬即顯揚對法攝論佛地及四分律等如是非一於唯敬佛中有唯敬法身非餘二般若燈論初歸敬頌楞伽初云歸命大智海毗盧舍那佛此雖經生所置唯敬法身也涅槃經云若能計三寶常住同眞諦佛即是法法即是僧勝鬘又

云歸依說一乘道法及三乘眾此二種非究竟歸依若有眾生如來調伏乃至歸依法僧是二歸依非二歸依是歸依如來何以故無異如來無異二歸依如來即三歸依此是如來正師子吼有唯敬受用非餘二發菩提心論是唯敬佛之實智悲故有唯敬化非餘二寶積云目淨修廣如靑蓮華等有通報化非法身古地持云敬禮過去未來世現在一切佛世尊有通敬三身顯揚云善逝善說妙三身對法佛地初敬皆同有唯同體三寶涅槃勝鬘是有同體別體通對法等是無唯敬別體非同體及唯敬住持三寶者歸

敬福田中亦有三釋。一敬涅槃而非菩提二敬菩提而非涅槃三俱敬涅槃菩提。初敬涅槃而非菩提涅槃四義體皆眞如並唯識性此通在纏出纏二位。體性雖淨在纏名因分。分者位也。今之所敬意歸滿位。以眞如性爲迷悟依。迷故生死悟故涅槃有捨有得。眞雖性淨離雜染時假說新淨說爲轉依。雖亦得菩提而今非所敬。第九卷說二乘滿位名解脫身。在大牟尼名法身故。今唯識性是滿分淨者簡於因位不名法身故。又此涅槃隨其假實總有四種。唯識性者自性淸淨涅槃。滿淸淨者有餘無餘二種涅槃要果圓時方證得故。分淸淨者卽無住處涅槃許十地位已證得故。涅槃雖四體總眞如。又下論云又爲開示謬執我法迷唯識者令達二空於唯識理如實知故。此以眞如迷悟依故偏敬之也。又二乘涅槃唯假擇滅。大般涅槃三事圓滿。三事有二一體三名三事二義三名三事。能觀智慧。所觀法身離諸繫縛假擇滅等名爲解脫名體三事。一眞如上慧本性故名摩訶般若。出纏之位功德法本名曰法身。性離生死縛名曰解脫。一體之上義有三故名義三事。隨其所應三乘唯得一解脫故三乘同座。今歸大般涅槃名滿分

淨者。次敬菩提而非涅槃者菩提即是四智品法。二
智在因得謂妙觀平等。二智果中得。總而言者菩提
因已得今顯所敬意取漏分雖通二乘果位今取大。
乘二障都盡名清淨者以菩薩者意趣菩提不趣涅
槃所以斷障唯斷所知障猶留煩惱障涅槃通得菩
提獨成。今顯所敬異於二乘及顯得果異於二乘故
唯敬菩提不敬涅槃也攝論頌云煩惱伏不滅如毒
呪所害留惑至惑盡證佛一切智。今論所言唯識性
者此是菩提事唯識性又即眞如顯是菩提所證體
性而意取彼能證菩提。又菩提言通因果智因中二

智分淸淨者果中二智滿淸淨者故皆歸敬後雙敬菩提及涅槃者唯識性是涅槃滿分淸淨是菩提意顯涅槃本性淨故不言滿分其大菩提四智品法因時已得而不圓明今唯取果滿分淨者故各別也下第九云由數修習無分別智斷本識中二障麤重故能轉捨依他起上徧計所執及能轉得依他起中圓成實性由轉煩惱得大涅槃轉所知障證無上覺成立唯識意爲有情證得如斯二轉依果故今歸敬明欲釋論但敬菩提涅槃二果不敬餘也故下序云斷障爲得二勝果故乃至廣說由前證故故本論師所

以作論今既釋論敬意須同卽以所趣爲所敬法若不敬之便不趣故。

成唯識論掌中樞要卷一

成唯識論掌中樞要卷二

唐京兆大慈恩寺沙門窺基撰

述記一卷十八左七

雖有七解歸所敬田然依本義唯取疏四解中八而非法本釋二師以唯識性第七轉聲中說所於聲也非所依聲以第七聲通根境故此爲能差別滿分淨者爲所差別第四轉中說以一切所敬皆以第四所爲聲說若唯識性亦所敬者應第四攝然依蘇漫多聲說即是八囀也一伱利上二字合聲提勢此云體聲亦云汎說聲二鄔波提舍書我反泥此云業聲亦云所說

聲。三羯喹(都詰反)唎(上二字合聲)迦(上聲)囉(上轉舌)泥(奴皆反)此云
能作具聲亦云能說聲。四三鉢囉(上二字合聲)陀你雞(居棃
反)此云所為聲亦云所與聲。五裒(補高反)波陀泥此云
所從聲。六莎弭婆(上聲)者你(平聲)此云所屬聲。七珊你陀
那(長聲)囉梯(上二字合聲)此云所依聲。八阿曼怛羅(上二字合聲)
泥(奴皆反)此云呼聲。上說總八囀。此中各有一言二言
多言之聲合有二十四聲。又有男聲女聲非男非女
聲更各有二十四合總別有九十六聲。男聲八囀者
一婆(上重聲讀之下皆準此)婆那二婆婆那擔三婆婆多四婆
婆羝五婆婆多裒六婆婆那多阿七婆婆底(都耳反)八

於初囀上加醯字卽是女聲八囀者一　婆婆那帝(底音)
讀之二婆婆那底摩三婆婆那底夜(上二字合聲 羊鵶反)四婆婆
那帶五婆婆那底夜(二字合)　哀六婆婆那底夜(二字合)　阿
七婆婆那底夜(二字合)　摩八於初囀上加醯字卽是非
男非女聲八囀者一　婆婆多二婆婆須第三囀下稍
近男聲旣無別字所以不出腳注上字等者依四聲
呼之注反者以翻字法讀之注二合者兩字連聲讀
之注輕重者隨輕重聲讀之其閒亦有全聲半聲恐
煩不述但是婆字皆上聲讀之然瑜伽第二卷七囀
聲亦名七例句依一男聲中唯詮一丈夫之七囀故

除第八呼前是男聲中總目一切故此不同彼論亦名七言論句一補盧沙丈夫體二補盧衫三補盧崽拏四補盧沙耶五補盧沙須六補盧殺娑七補盧鎩第八加呼聲云醯補盧沙若云迷履底是別女聲體若云納蓬去聲呼之索迦是別非男非女聲體然有別目但唯七囀第八乃是汎爾呼聲更無別詮唯識性言旣境第七略有二解一依三性二依二諦依三性者唯識第九云謂唯識性略有二種一虛妄謂徧計所執二眞實謂圓成實性復有二性一世俗謂依他起二勝義謂圓成實故知三性並名唯識性三性有二體

一常無常門常爲圓成唯眞如是一切有爲皆依他起。二有漏無漏門一切無漏皆圓成實諸有漏法皆依他起菩提涅槃並圓成故。如論第八自有此文。依初三性略有十重。一唯說眞如爲圓成名本實性證此淸淨名內證淨。二總說無漏爲圓成菩提涅槃皆是唯識性名菩提性獲悟淨菩提菩提斷皆名菩提故。三總說有爲依他事識性悟俗淨。四唯說有漏依他幻識性斷除淨。五唯說所執妄取性遣之淨。六圓成對依他眞俗性斷得淨。七圓成對所執眞妄性遣證淨。八以依他對所執心境性遣斷淨。九以圓成對依他所執幻實性取捨淨十以圓成依他對所執空有性遣悟淨但無以圓成所執對依他為唯識性以隔越故又理無故依後二諦辨唯識性者瑜伽六十四云世俗有四一世間世俗二道理世俗三證得世俗四勝義世俗唯識第九云勝義諦有四一世間勝義二道理勝義三證得勝義四勝義勝義今者略為三類一總別相對二別餘相對三總餘相對四重二諦如章中解第一總別相對應為四句一以俗總對眞別有一句過四俗之眞唯有後一故謂安立非安立唯識性第二以俗別對眞總有四句勝俗之眞四

皆是故。一以初俗對四眞遣悟性二以第二俗對三眞斷知性三以第三俗對二眞解修性四以第四俗對一眞覺證性。三以俗總對眞總唯有一句謂眞俗唯識性。四以俗別對眞別有四句一一次第各各相望爲四句一心境性二事理性三別總性四詮旨性。初俗爲境初眞爲心第二俗爲事第二眞爲理第三俗爲別理四諦故第三眞爲總理二空故第四俗爲詮依空門故第四眞爲旨廢詮論故。如是相對合成十句。第二別餘相對有二類。初類有四句謂以初俗對眞如名妄如以第二俗對名事如以第三俗對名理如以第四俗對名觀如後類有十句謂以初俗對四別眞爲四句以第二俗對三別眞爲三句以第三俗對二別眞爲二句以第四俗對一別眞爲一句如是合有十四句第三總餘相對中有三類第一以二俗對眞有十句謂以初二俗別對眞中一有三句不對初眞卽第二俗故勝俗名眞彼齊等故卽以此二俗對二眞有二句亦除初眞以此二俗對三眞有一句如是合有六句次以第二第三俗對眞中一有二句對眞中二有一句無對三者亦齊均故如是合有三句次以第三第四俗對眞唯一句餘眞齊均及體

劣故不可爲句第二以三俗對眞有四句謂以初三
俗對眞一有二句對眞二有一句除初俗故以後三
俗對眞亦唯一句第三以四俗對眞有一句不對前
三眞故如是合有十五句各有別名恐繁且止智者
思之如是二諦合有三十九句唯識性幷三性中合
有四十九句無有以俗對眞中間隔越爲句亦無以
眞對俗齊均及劣法爲句便非勝義故若體空者遣
之淨有漏者斷之淨無漏者獲悟淨隨應具知此等
唯識皆能差別爲所歸之境差別於滿分二淨若所
歸敬爲唯識性唯取三性中初本實性及第二菩提

性非取一切餘非可敬故。述記一卷十八右三

頌下兩句造論意中略有五句。一但爲法而不爲人。欲令法義當廣流等雖論說言利樂有情有情利樂令法不滅以下句釋上句也如說有情依敎修行三寶種姓不斷絕故用此律云今演毗尼法令正法久住不說利生二但爲有情不爲正法菩薩修行本以利生雖釋彼說意爲利樂諸有情故顯上句釋下也。顯揚論云顯揚聖教慈悲故文約義周而易曉。三雙爲法及利有情第三四句如次配之故佛地論云爲

法久住濟羣生四所爲得無住涅槃釋說大智利樂
大悲二種熏修速疾證得無住涅槃生死涅槃二俱
不住故對法云由悟契經及解釋爰發正勤乃參綜
此意爲得無住涅槃亦可說言雙非人法故五者自
利利他令法久住三義故造論釋說令法久住利樂
益於他此二既施卽爲自利故釋論云爲利自他法
久住故我略釋攝大乘故爲五意而造論也

述記一卷
十九左一

瑜伽釋云今說此論所爲云何謂有二緣故說此論
一爲正法久住世故二爲利樂諸有情故復有二緣

一教已沒令重開故未隱沒者倍興盛故二諸有情有姓修善得自乘果故無姓修善得人天果故此上二釋隨其次第配頌下二句復有二緣一於說空不了義經如言計著慴有教者捨無見故二於說有不了義經如言計著慴空教者捨有見故此釋但爲利益有情除二見故或能學所學分人法故隨二句釋復有二緣一爲菩薩種姓唯依大乘教徧於諸乘文義行果生巧便智斷障修善證佛菩提窮未來際常二利故二爲餘乘種姓及無姓者亦依大教各於自乘文義行果生巧便智斷伏障修自善出離三界超

惡趣故。此唯識教亦得說爲趣一切乘破空有故。皆可配二句並有人法故復有二緣一爲外道小乘愚癡猶豫者生信解故二爲於經意心迷誹毀者生信心故。此但爲有情。亦可逆次第配。復有二緣一爲樂略勤修行者採集衆經廣要法義略分別故二爲樂廣勤說法者於一一法開示無邊差別義故。二義並通法之與人。復有二緣一顯實相立正論故二除妄執破邪論故。此但爲法。亦可通爲人即能學故。復有二緣一顯偏計所執情有理無依他圓成理有情無令捨增益損減執故二顯世間道理證得勝義法門差別令修二諦無倒解故此但爲法復有二緣一爲開隨轉眞實理門令知二藏三藏不相違故二爲開因緣唯識無相眞如理門令修觀行有差別故復有二緣一爲示現境界差別令知諸法自性相狀位差別故二爲示現修行差別令知三乘方便根本果差別故此中但爲法而非人亦可通人卽能學故說總頌曰法情開有空性通及內外略顯等三四二四境行果。

述記一卷十九右七

六十二種有情頌曰五四三三四三二及三七十九

四四一故有情名諸五趣爲五四姓爲四男女非男非女爲三劣中妙爲三在家出家苦行非苦行爲四律儀不律儀非律儀非不律儀爲三離欲未離欲爲二邪性定正性定不定聚定爲三出家五衆近事男近事女爲七習斷者習誦者淨施人宿長中年少年軌範師親教師共住近住弟子賓客營僧事者貪利養恭敬者厭捨者多聞者大福智者法隨法行者持經者持律者持論者爲十九異生見諦有學無學爲四聲聞獨覺菩薩如來爲四輪王爲一合名六十二種有情。

述記一卷二
十二左六
論今造此論等者疏中二解。一依八二依法俱依能迷若第二解依所迷釋。生法我無執有名謬。不悟無我名爲迷者。爲除情執令生正解。正除其謬解斷其迷執情斷故所執便遣生正解言遣所執也。

述記一卷二
十二右五
生解爲斷二重障等明斷依他淸淨依他圓成攝故。

述記一卷二
十四右八
斷障爲得二勝果等證圓成實也。

述記一卷二
十六右七

大菩提眞解脫凡夫二乘菩薩各各自爲大非菩提等句。復以凡夫對二乘對菩薩以二乘對菩薩爲句皆得如是合有六對自對爲三相望爲三菩提例解脫合爲十二句。

述記一卷二十七右二

若悟斷得果解二重障障唯二執以根本故即沈下義是正義若遣所執斷依他證圓成。即四義解重毀責名也若約五位四段科即分別猛利名之爲重以麤猛故唯見道斷此義可然若言根本名爲重者安慧本義有漏心中皆有法執何等名重何者名輕若六七識中煩惱障名之爲重分別廣故計執深故五識之中煩惱名輕由他引故無衆生執故若第六識中所知障名重計深解廣由與慧俱引生五故爲引業因生第八故行相猛故五八識障名之爲輕執淺解略由他引生行相不猛非必慧俱故第七識中都無法執由此重輕二種別故論遂說言由我法執二障具生不爾如何名由及具但是法執必帶人執非此師義不說五八有衆生執不說第七有法執故若說現行名輕種習名重由無種習現行俱斷障通攝三重唯種習由我法執由有種習二障具生餘現行

等方得生起若斷種習現行永滅但不可說慧體名執名重餘相應者名輕名障不說慧數是徧行故說第八識等無慧俱故由此故知前說爲善又約流轉還滅因果以解之還滅有因果位因位有三轉依謂心道麤重二空是心法性心故正解是道斷二重障名麤重轉對法論第八卷說阿賴耶爲麤重轉此說二障者佛地佛論說二障所發業所得果亦名二障性無堪任違細輕故有漏皆是此通彼局故不相違然由二執具生二障故迷空言執斷兼一切至究竟位斷麤重障心道滿故名得二果若依此解彼障隨

斷前解因位後解果位因中分二初解三轉依由我法執下釋悟空生解斷障所由又依六轉依以釋此文依唯識文不依攝論生正解者損力益能轉在地前故斷斷二重障是通達轉見道位故由我法執乃至彼障隨斷是修習轉在十地中修道位故斷障爲得二勝果故下是果圓滿轉在佛位故總形下劣名廣大轉卽此文中通攝五轉又爲五忍生正解位是伏忍見道前故斷斷重障位是信忍相同世間故二障具生下是順忍爲順出世故第四地中斷於我執斷具生中有近遠五地斷害伴名近六地斷麤劣一分名

違斷障爲得二勝果下是無生忍斷麤劣一分及微細隨眠當於佛地得二果故由斷續生下是寂滅忍由第十地斷二障至佛地別得二果得二果時唯取佛地名寂滅忍非取十地別斷二障在第十地又有七地有迷謬者種姓地也未入法時有迷謬故生正解者勝解行地聞思修位名爲正解斷重障者謂增上意樂地由我法執下乃至彼障隨斷是行正行地決定地決定行地斷障爲得二勝果者到究竟地十地斷障佛地得果又依佛法莫過修斷雜染者斷之清淨者修之初斷後得如文可知凡聖之中皆有修

斷生正解前是凡夫位伏斷修行斷重障下是聖人眞斷得眞斷得中分見修別修中由我法執等有三難生。一難安慧論師煩惱障中有非執者二乘斷修惑九品斷前八品猶未斷我見云何已斷除障明知餘障不從我執等生。二難安慧論師除第七識說有二取皆是所執證二空位若由執滅障隨斷者一切皆執五地云何方除害伴應輕執隨生我執四地斷故。三難一切障皆從執生何故六七地等所斷之障不名害伴名羸劣等皆是執起故。答有三解。一云此依究竟盡處爲論不說中間。二云但言障由執生執斷障滅。不言末障滅皆隨本執斷。二乘九品其義可知。三雖有漏心皆有法執菩薩執生有三時斷末執隨本第六識執有三位斷一俱時二隣近引生三勢力疏遠俱起者四地執俱斷隣近引生者名害伴疏遠勢生者名羸劣等故障與執斷有前後果斷得中。斷障爲得二勝果者顯因能滿果由斷續生下顯果滿也。故果文中文分爲二。今總結類上解文者一段科有二一因果三轉依二凡聖斷得。三段科有二一悟斷得二遺斷證。四段科有二一勝解行等四位二六轉依中但成四位四位攝六故。五段科亦二一五忍二七地分五故如是合成八義科段。

述記二卷一右八

又為開示謬執我法等中為外道開為內道示為小乘開為大乘示為邊主開為中主示為初根開為熟根示此上依人又開唯識示我法此上總解開示二字下有十釋一除邪顯正外道邪謬執我法迷正理唯識令達二空除邪顯正二斷謬明眞小乘謬執我法迷於眞唯識令達二空斷謬明眞三去虛妄留眞實謬執我法不了虛妄唯識迷唯識者不了眞實唯識令達二空去妄留眞四識世俗知勝義謬執我法

不了世俗唯識依依他起起二執故迷唯識者不了勝義唯識令達二空識俗知勝次上二解第九卷說二重唯識已上四解皆取眞如在大牟尼名法身故五見境觀心謬執我法不了境唯識迷唯識者不了心唯識令達二空見境觀心六除空說有謬執我法增益空法迷唯識者損減有法令達二空除空說有七滅愚起智謬執我法愚癡增迷唯識者少正智令達二空滅愚起智留惑潤生得種智故八捨劣得勝謬執我法生死劣法起迷唯識故佛位二果無令達二空捨生死劣法得勝佛位菩提涅槃斷煩惱障得

大涅槃斷所知障證無上覺成立唯識意爲如斯二轉依果。九遣斷證謬執我法有所執轉迷唯識故不悟依他令達二空證圓成實。十麤道心謬執我法麤重起迷唯識故聖道無令達二空證眞心於唯識理如實知故。以上諸釋隨其所應如理配釋。

述記二卷四左七

第三爲破邪執造論之中又解各有小乘大乘師執。第一淸辨依世俗諦心外有境二俱非無第二小乘中一說部執一切法唯有假名都無心境外道空見亦復如是第三小乘執心意識義一文異攝大乘說心意識體一者是第四上古大乘亦有依莊嚴論執諸心所離心無體如下心所問答中辨故四各通大小二執由此總應九句分別第一解云第一第二小乘大乘執境執心非空非有第三第四大乘小乘執心執所非多非異第二解云第一第二大乘小乘第三第四小乘大乘第三解云第一第二大乘小乘第三第四大乘小乘第四解云第一第二小乘大乘第三第四小乘大乘第五解云第一第二大乘大乘第三第四小乘小乘第六解云第一第二小乘小乘第三第四大乘大乘第七解云四俱大乘第八解云四

俱小乘。第九解云四中一一皆有大乘小乘。並各如次應云執境執心非空非有執心執所非多非異。

述記二卷七左一

科成唯識本頌文者。依瑜伽論第三十八云謂諸菩薩求正法時當於何求當於一切五明處求一內明處二因明處三聲明處四醫方明處五工業明處諸佛語言名內明處如是乃至一切世間工巧業處名工業明處。此各幾相轉謂內明論略二相轉一者顯示正因果相二顯示已作不失未作不得相因明論亦二相一顯摧伏他論勝利相二顯免脫他論勝利相聲明論亦二相一顯安立界及能成立相二顯語工勝利相醫方明論有四種相一顯病體二顯病因三顯斷已生病四顯斷已不生工業明論顯各別工巧業處所作成辨種種異相菩薩既先學內明處內明處中以正因果而爲其相故應分二一未發趣位二已發趣位故三十頌初二十五頌明未發趣位正因果相後之五頌明已發趣位正因果相前未發趣正因果相中復分爲二初十七頌明正因相由識變故諸法得生以識爲因次之八頌明正果相由種識故生諸分別法體之果及異熟等分位之果其明三

性等六頌之文因釋妨難屬果相攝。若諸果生唯識爲因唯有識者何故世尊說三性等故屬於果。後之五頌已發趣位正因果中文復分二初之四頌顯正因相後之一頌顯正果相。此二位中義兼具明已作不失相未作不得相未趣已趣義皆具故理準可知。有諸外道多計爲常故明因相破此常執。有小乘師及七斷論等多計爲斷故說果相破彼斷執。今爲破此明非斷常故。十七頌明因中分三。初一頌半標識變境無實我法。十四頌半釋能變所變體非爲我法。一頌釋變義。或前二十九頌宗明正因相顯非常故後之一頌宗明正果相顯非斷故以佛正法因果爲宗破彼常斷故今應說總爲二段因相有二初二十五頌宗明因體末趣入故次之四頌宗明因位已發趣故因體之中前二十四頌明世俗因次有一頌明勝義因性相亦爾或初一頌半略明因後二十三頌半廣明因標釋亦爾或分爲三謂相性位前二十四頌明唯識相次之一頌明唯識性後之五頌明唯識位初中有二一標二釋謂初一頌半略釋難以標宗後二十二頌半隨所標而廣釋廣中有三一廣三能變體二廣依識所變三廣由假說言或總爲三謂初

中後初一頌半名初次二十三頌半名中後五頌名後初中及後一切善故廣中分三初十四頌半廣三能變體次一頌廣依識變後八頌廣假說等言又總分三謂境行果初二十五頌明唯識境次有四頌明依境起唯識行後一頌依行得唯識果辨境之中明眞俗諦二十四頌明俗諦次之一頌明眞諦明俗諦中分二初標後釋如相性位三科中解次上三科如疏中解又總分三謂略廣中初一頌半名略次二十三頌半名廣後五頌名中爲利迷我法利迷於識利迷行位利此三根或迷所執依他圓成如次配之或

初破有執後二破空執故分爲三不可增減或總分
四初一頌半總標綱要分第二十四頌半廣陳能變
分第三有九頌結釋外難分後之五頌依修獲益分
先未有說故總標宗不知識性如何故次陳能變雖
成所立外問須除故結釋難既如是已聞思何利故
次明修獲益由此成四不增不減或總分五一略標
宗二陳識性三彰變義四釋外徵五修成果宗義爲
主故最初陳雖有識言未知識性故次於前隨宗陳
辨雖知其體未明變義故次識體而說變義雖說義
門妨難未遣故隨變義次釋外徵達義周圓隨釋難

己故須入位故分成五。其第三彰變義於前分爲四科中第三結釋外難中離出義意可知也。

述記二卷
七右十

論若唯有識云何世間及諸聖教說有我法準瑜伽釋言總問此論所明宗要問者先聞諸經所說一切唯心其義未了故爲此問或作論者先總受請論之宗要盡在心中欲爲學徒分別解說自假興問爲起說因故爲此問若不爾者先無略說無容欻問。又發問者略有五種一不解故問二疑惑故問三試驗故問四輕觸故問五爲欲利樂有情故問今爲第五專爲利樂諸有情故作此論也。已達故非初二。自問故非次二。故依第五以發問端。

述記二卷十左八

由假說我法有種種相轉。安慧解云。佛身諸法不可說爲若我若法。證不可言故。執習俱盡故。施設我法唯在於餘。除佛已外諸異生等於計所執總無之上別執爲我法。世尊爲除此妄實執於總無上義施設爲聖教我法。如論所引厚嚴二頌。護法云。世間依情起妄執。無聖教依因緣道理假施設爲我法。難陀師云。依相分上起所執我法。隨計妄情說爲世間我法即依所變依他上施設爲聖教我法。

述記二卷十三左二

何故本頌最初答難即標論宗。般若燈論初釋八不。淸辨二釋順世俗解。今以此頌攝一部中所有義盡。由是答標下十四頌半廣此所標三種能變下三句頌。次是諸識轉變等一頌廣此第三句頌彼依識所變。後有八頌廣此頌上二句由假說我法等彼初二頌答文外違理難後六頌答違經難。言雖似別意皆依心所變現而說。後之五頌總廣修此一頌半所經行位。故先答難即標論宗總攝一部之大意也。初一

頌半分之爲三。初二句隨先問答次一句隨別徵釋

後三句隨陳自列。此以義科非依釋段。

我爲主宰法謂軌持。主是俱生我無分別故宰是分

述記二卷十三右五

別我有割斷故主是第七我宰是第六我。主是世間

我能作受故宰是聖教我依用辨故。幷疏爲五解。聖

教法名軌依用辨故世間法名持執實自體能自持

故。幷疏爲五。此中皆依增上義說。四解通依世間聖

教。第五別配。

述記二卷十五左七

有情命者等。金剛般若說四。雖諸本名別。今菩提流支所翻云我眾生命者壽者。天親論釋見五蘊差別一一陰是我如是妄取是名我相。此意總計三世五蘊差別為總見身相續不斷是名眾生此計五蘊從前際來相續不斷故名眾生。一報命根不斷住故是名命者此計現在現有命故。命根斷已後生六道是名壽者此見未來生壽更起故。理準此名是養育者養未來故。翻家錯失名為壽者。不爾生者命者諸教之中應別說有壽者。由此彼經但說四種。以緣三世總別計故。瑜伽八十三但解八名。一我。我我所見現前行故舉有能緣以顯所緣我體是有二有情謂諸賢聖如實了知唯有此性更無餘法又復於彼有愛著故情者性也初總談彼有情之義無體可顯即五根等皆名有情此即是我唯有此性無餘法故後解以愛為情能生我愛說名有情於彼法性生愛著故若無有情誰情所愛三意生是意種類有能思量勝作用故顯是意類故名意生四摩納縛迦依止於意而高下故若總釋義此名儒童儒美好義童少年義美好少年名曰儒童論依別釋摩納是高義高慢他故縛迦是下義卑下他故以依止意或陵慢他或卑

下他名摩納縛迦五養育者增後有業作士夫用故初養未來後長養現在六補特迦羅以能數數取諸趣故諸賢聖等亦名此者從未得道舊身說故七命者者與壽命和合現存故名命者壽命是別者是總也總者與別命和合現存故名命者八生者者謂具出現等故瑜伽第十云生云何謂胎卵二生初託生時等生云何謂卽於彼身分圓滿仍未出時趣云何謂從彼出生起云何謂出已增長出現云何謂溼化二生身分頓起蘊得云何謂諸生位五取蘊轉界得云何謂諸蘊因緣所攝性處得云何謂卽諸蘊餘緣

所攝性諸蘊生起云何謂卽諸蘊日日飲食之所資長命根出現云何卽諸蘊餘壽力故得相續住此中略義謂生自性若生處位若所生若因緣所攝若任持所引若俱生依持前十中第一生及第五出現是生自性第二三四是生處位第六蘊得是所生第七界得第八處得是生因緣所攝第九諸蘊生起是任持所引第十命根出現是俱生依持謂生者具有此十義以總作用故但說入合士夫用入養育者多分計故若開爲二一增後有業名養育者育現在身作士夫用名爲士夫約世開之能斷金剛般若經依杜行

顗梵本貞觀二十三年於玉華宮夜翻朝進本既別矣列名亦殊。初八後九依大般若等諸本及大師自本中能斷金剛分梵本亦四所以天親等釋唯四非多。其能斷初八云有情命者士夫數取趣意生摩納婆作者受者。後文說九此八加我。初文因說度一切有情有情爲首略無其我。此中士夫卽養育者於現在身作士夫用故。瑜伽生者卽作者攝此八之中前六別行相後二通行相故。前說八後兼說我六別行相二通行相所以有九。大般若一處說十三。瑜伽八中加士夫作者受者知者見者開瑜伽八中養育者

分爲二世故說士夫。依此初九是別作用後四通作
用。依別作用單行相說故。或說十五。加使作者及使
受者。依單重通別行相具說故。初十三單說後二重
初九別後六通行相故。大般若第七說有十七。前十
五中加起者使者。或說十九。前十七中加使知者使
見者。後二文亦依單重別通行相一切具說。由此諸
教說數不同。

述記二卷十五左十

預流等者。等二十七賢聖十三住等菩薩。二十七賢
聖者。一信解二見至三身證四慧解脫五俱解脫六

預流向七預流果八一來向九一來果十不還向十一不還果十二阿羅漢向十三阿羅漢果十四極七返有十五家家十六一間十七中般涅槃十八生般涅槃十九無行般涅槃二十有行般涅槃二十一上流般涅槃二十二退法阿羅漢二十三思法阿羅漢二十四護法阿羅漢二十五住法阿羅漢二十六堪達法阿羅漢二十七住不動法阿羅漢。十三住聖如疏第九卷。

成唯識論掌中樞要卷二

成唯識論掌中樞要卷三

唐京兆大慈恩寺沙門窺基撰

述記二卷十六右六

蘊處界三廢立離合頌曰隨增說我事為依此所行生持分略廣無別根所緣隨增說我事者謂立五蘊廢立離合。對法論說何因蘊唯有五為顯五種我事故謂身具我我事受用我事言說我事造作一切法非法我事彼所依止我自體事。如其次第配釋五蘊故不減增有離有合。為依此所行生持分略廣者。謂立處界離合廢立。出生義是處義故略識依及此所行爲十二處。其六識體所出生故不離爲處。持自性義能任持義是界義故廣識依及廣此識并廣此所行成十八界。六根六境能持六識六識自體能持識用。體能自持離識立界體不自生不離六識以立爲處。故蘊界處不減不增有離有合。無別根所緣者釋七八識不別說爲處界所以。由離六識根境之外更無別根境可立界處故不立之。中邊第二釋蘊處界義頌曰非一及總略分段義名蘊能所取彼取種子義名界能受所了境用門義名處廣如彼說。十種三科如對法抄。此中總應三門分別。一釋名義二廢立三十種分別。

述記二卷十七左十

如是諸相問起之中敘安慧等三師別問。

述記二卷十七右五

彼相皆依識所轉變而假施設世間於此起執。聖教依斯義說所執依他隨應別說。此護法難陀解。安慧解云二種卽依徧計所執。文與下同解彼相唯依見相二分名所轉變。與下別解者此中自證亦所轉變。下據我法通依今古同許大小所成唯依見相。此據實依故幷自證種子變現行現行亦變爲種子故。眞如非依。故論不說。

述記二卷
十九左五

相見同種別種生者有二解。有說相見同種生謂無本質者影像相與見分同種生其有本質者本質亦同種生。即一見分種生現行時三法同一種故謂見影質有說相見別種生者本質見分定別種生其影像相與見分及本質或異或同種相分等現行爲因緣故本有俱生現行相分或和合生。新舊種同生故。安慧二分亦說種生見與體同相分二說或同或異。相分無體種子是假。護法正義質影二相與見分三。

此三三性種子界繫等未要皆同隨所應故卽前所說相見別種是此正義頌曰性境不隨心獨影唯隨見帶質通情本性種等隨應總攝諸境有其三類一者性境諸眞法體名爲性境色是眞色心是實心此眞實法不是隨心三性不定如實五塵唯無記性不隨能緣五識通三性故亦不隨心同於一繫如第八識是一界繫所緣種子通三界繫身在下界起二通時緣天眼耳身在上地眼耳二識見欲界境二禪已上眼耳身識緣自地境識初禪繫境自地繫如是等類亦不隨心一種所生由見相種各別體故二者獨

影之境唯從見分性繫種子皆定同故如第六識緣龜毛空華石女無爲他界緣等所有諸境如是等類皆是隨心無別體用假境攝故名爲獨影三三者帶質之境謂此影像有實本質如因中第七所變相分得從本質是無覆無記等亦從見分是有覆所攝亦得說言從本質種生亦得說言從見分種生義不定故性種等隨應者隨應是不定義有三隨應一者義顯三境諸心聚生有唯有一有二合有三同聚有一者如前已說有二合者如第八識緣自地散境心王所緣是初性境心所所緣是獨影境五識所緣自地五

塵是初性境亦得說是帶質之境如第六識緣過未五蘊得是獨影亦得說是帶質之境熏成種子生本質故有三合者如因第八緣定果色心所所緣唯是獨影心王所緣是實性境亦得說爲帶質之境第六所變定果之色爲本質故二者又性種等隨應者顯上三境隨其所應或性雖同而繫種不同如在下地緣上界天眼耳或繫雖同性種不同如五識緣自界五塵或種雖同而繫不同約聚論之卽有一法論之卽無如第八識聚心所所緣與見同種心王所緣界繫不同二一合三合思準可知以此一頌定諸法體於

八識中若因若果一一行相於五蘊法各別牒出恐繁且止。

述記二卷十九右十

變謂識體轉似二分釋能所變依斯二分下釋能所依我法俱依識所變故。

述記三卷一左三

若依總作二文科者初文釋第三句中或復內識轉似外境釋能所變我法分別熏習力故下釋能所依。愚夫所計下分爲二文能所變者識所變能所依者彼依也。

述記三卷
二左六

我法分別熏習力故等文中有二難。一云諸識生似我法時爲皆由我法分別熏習之力爲亦不由。若皆由者八識五識無二分別後生果時應不似二。若不由者此中何故但說我法熏習爲因。答。一解俱得。其皆由解者一切有漏與第七中二分別俱故。或第六識二分別引故後生果時皆似我法。其不必由解者此說第六根本偏緣一切爲因緣發諸識令熏習故後生果時似我法相起。或非外似外六七計爲似外起故。若安慧師八識有執不須此問。

述記三卷四右五

如夢者者婆剌拏者此云流轉即先婆羅那訛也此流轉王是眉稀羅國王容貌端正自謂無雙求覓勝形欲自方比顯己殊類時有人言王舍城內有大迦栴延形容甚好世中無比王遣迎之迦栴延至王出宮迎王不及彼人視迦栴延無看王者王問所以衆白迦延容貌勝王王問大德今果宿因迦延答曰我昔出家王作乞兒我掃寺地王來乞食我掃地竟令王除糞除糞既訖方與王食以此業因生人天中得報端正王聞此已尋請出家爲迦延弟子後共迦延

往阿般地國山中修道別處坐禪阿般地王名鉢樹多將諸宮人入山遊戲宮人見王形貌端正圍繞看之鉢樹多王見婆刺拏王疑有欲意問婆刺拏曰汝是阿羅漢耶不王答言非次第一一問餘三果皆答言非又問汝離欲不又答言非鉢樹多瞋曰若爾汝何故入我婇女之中遂鞕身破悶絕而死至夜方醒至迦延所迦延見已心生悲愍共諸同學問爲療治。婆刺拏王語迦延曰我從師乞覲還本國集軍破彼阿般地國殺鉢樹多王事竟當還從師修道迦延從請語王欲去且停一宿迦延安置好處令眠欲令感夢。夢見集軍征阿般地自軍破敗身被他獲堅縛手足赤花插頭嚴鼓欲殺。王於夢中恐怖大叫喚失聲云我今無歸願師濟拔作歸依處得壽命長迦延以神力手指出火喚之令寤問言何故。其心未醒尙言灾事迦延以火照而問之此是何處汝可自看其心方寤。迦延語言汝若征彼必當破敗如夢所見。王言願師爲除毒意迦延爲說一切諸法譬如國土假名無實離舍屋等無別國土乃至廣說種種因緣至一極微亦非實事無此無彼無怨無親。王聞此法得預流果後漸獲得阿羅漢果。

述記三卷
七右七

境唯世俗有者疏有二解今又加云徧計所執凡夫境故唯世俗有依他起性凡聖智境識亦勝義顯示兼之。

述記三卷
十二左四

破我之中數論勝論立我宗云我我性是常許無初後故如虛空等又我體周徧許常住故如虛空等前所立宗卽爲此因我體常徧許隨身造業受苦樂等故如大虛空難初量云有有法差別相違過我有法上意所許義隨身造業受苦樂我不隨身造業受苦

樂我是有法我之差別。今造相違云汝我應非隨身受苦樂我許無初後故如大虛空。難第二量作法差別相違過。體常徧法自相上意所許義隨身造業受苦樂體常徧非隨身造業受苦樂體常徧是差別。今作相違云汝我應不隨身造業受苦樂許常住故如太虛空。難第三量云隨身之因既隨一不成於同喻空上無卽不共不定常徧之宗。空爲同喻瓶爲異喻。隨身造業等因二品俱非有。論文或別此量相違難云汝我應不隨身造業受果許常徧故如太虛空此別以比量徵不要述其本量。

述記三卷
十二左九

離繫立量云所說之我隨身不定身所有故猶如影等。下難中應云我應可折執隨身故猶如影等。不須以卷舒解隨身義。瑜伽第六及六十四顯揚第十說執我有四。一卽蘊二異蘊住蘊中三異蘊住離蘊法中四異蘊非住蘊中亦非住異蘊法中。而無有蘊一切蘊法都不相應。後三俱是異蘊計攝。合是第二三類計中初二攝盡彼唯破外道不破小乘故無與蘊不卽不離。

述記四卷
二左七

破非卽離中又有量云汝所執我不應說是我我非他我許不可說故如有爲無爲。此義雖可爾不順文意。乃破一我非一切故。又此論但破一師計我非一切故。此解乃通破一切故。又但舉一法足爲同喻何假有無爲。又論總令於我非我聚亦應不可說如有爲無爲何得乃言如有無爲我我非他我。故應如疏。

述記四卷三右二

破作用中略有四類。一生死有用涅槃無用。二僧佉等無動轉作用餘有此用。三綺更無作受用等。四正難有用設難無用。

述記四卷九左二

起自心相之言有二解。一云卽影像相。二云卽所執相雖無實體當情現故諸說心相皆準應知。

述記四卷九左十

欲貪名取者雖對法文同亦十地解取支云愛增上名取此隨義增非眞實理據實而言瑜伽等云一切煩惱名取支取蘊亦爾蘊能生取如華果樹蘊從取生如草糠火。

述記四卷九右九

七識所緣第八與見要同一繫任運緣故。六任運緣何故即總或別或同地不同地繫應思之也隨所緣現行繫不隨種潤生見緣當生八十八文緣三界法。

述記四卷十右二

二乘先伏修入見道有說修見二惑一時頓斷加行欣求先折勢故有說別起無間道斷今取頓斷不取別斷。

述記四卷十一右五

此二我執細故難斷等中疏有三解。一以修道之見行相微細於見道見故或修道中自望前入為細故。二以見道易斷名細上道難除名麤如三心中自分麤細。三見道約能治道弱所斷相從初品名細修道約自品行相名細。難斷疏解亦三。一世道不伏。二漸次初道不斷非見斷故。三缺道不除要九品滿道方能斷故。今第四若超越第三果人第六識執於中五釋。一見道不能斷超得果後而亦不斷要至金剛心與第七識執一時斷。二云超得果後別起道斷彼既不障果何名彼地惑如第七識執此亦何違。三超得果時相見道後更不出觀別起勝道加行等道斷修道惑得第三果。諸處但說第十六心已知根攝而建立果何故此中後起修道斷惑得果。彼說初果非超越故。四超得果時從相見道卽入修道無間解脫斷修惑得果不起加行無容別起加行道故。五超得果時卽一刹那眞見道無間見修惑雙斷。雖先世道不伏我執由意樂勝入見道位伏與不伏一念俱斷。依第一解道數數修斷不數數。依次二三解道斷俱數數。依第四解先離無所有處已下欲超得第三後成無學唯二品斷總而言之隨前所應而成數數不數數義。超越第四果頓取二果者雖缺有頂缺前八品三界我執而不能斷。漸次得果非想地中有二義說。若爲九品斷前八道亦不除之自地第九品故若爲一品斷但缺有頂卽能斷盡前義為正後無文說。三十四念等要九品故第七要缺有頂第九方能斷盡。由此難斷故非數數斷。其超越第四果人第六識執道數數修斷非數數。一品斷故次第得果。一地而論。前八道數數修身見第九品除斷非數數。若總九地而論道斷俱數數若迴心已唯習數斷非種。

述記四卷十二右六

分別二執既不說總別卽蘊之我二十句等論唯說別無總之文。此有二解。一依文義實無總。然未見文。但與前俱生不同所以不說。二解實有總別與前同故略而不論。如卽蘊計我豈簡總耶。此解爲勝。離蘊之我不說總別。

述記四卷十三左四

此二我執初見道時斷者如疏可知。三心見道分別二執三心見道何者初斷何者後斷。二種俱通皆有邪友邪思力起故。一云邪教力起故後斷。邪思力者先斷麤易斷故。第二解返此是邪教力起者先斷如先續善根勢薄弱故。邪思力起後斷如續善根地獄死時續勢堅牢故。第三解卽蘊計等後斷細故蘊我相似故離蘊計先斷麤猛故。第四解不定九地地地

皆有麤細麤者先除細者後斷由於一時行有麤細斷有前後其諸煩惱與此等流隨其品類說前後斷述記四卷十六左三

論熏習力故得有憶識等者問前心善不善熏故後可憶前心若異熟不熏後不憶答前心是能熏有種後能憶前心若異熟不熏後不憶問前心是能熏有因果能憶前心若異熟無因非憶果答前心是能熏有因後能憶未必要同性異熟何妨憶如前瞋心後善心憶異性爲因異性能憶佛憶無始一切事故有漏宿命豈不能憶異熟心耶但由後時熏習勝故能

憶前事非要此因生此果故。

述記五卷三右七

即有三相寧見爲一此難三德各應見一與疏不同。

述記五卷五左八

一根應得一切境以根無別故。一境諸根得以境無異故。

述記五卷十五左一

破勝論常諸句中第一有用非常難第二無用即識難。

述記五卷十六左五

破無常中第一有礙非實難。第二無礙即識難。

述記五卷十七右六

破實德中第一大非實句難。第二堅等非德等難。第三地等非見難。第四色非德句難。

述記五卷十九左六

破實句中第一有礙無常難。第二無礙成有難。許色根取故令成有礙。

述記五卷廿一右十

破有句中有四。第一法自相相違過。彼云有性離實句外有別自性。許非無故。如德業。此有不定以實句是異法喻因於彼有故。今云離實句外無別自性許非無故猶如實句。彼外道師若以德業與同異和合爲不定過。非不定過。他不定故。非自其故。論既以德業爲同喻。但比量相違。第二有法自相相違過。彼云有性離實有別自性許異實故如德業。以有性爲有法。今言有性應非有性故。成有法自相相違。今舉無法爲喻。亦成決定相違。第三第四俱皆比量相違。

述記六卷一左三

難同異性中第一有法自相相違過。彼云同異性定異實別有。許異實故如德業。今令同異亦非同異故成有法自相相違。云何亦亦者。謂許異實等因不但顯有異於實德業亦顯實等性非實性等。如能成遮實如是亦能成遮同異性俱決定故故成有法自相相違。又不但有比量及決定相違。及有有法自相相違故論言亦不爾亦言便為無用。比量相違過者實德業三更無別性六十句中隨一攝故如大有等。又或實性定異實無許顯實故如實餘德業性亦爾。亦成決定相違難實非實亦同此破。因言便破非正難也。第三準上返覆兩難總別有殊義理無別。第四比量相違。彼云實性無別性性許非初三故如大有等不但闕無同喻成不共不定亦成比量相違第五亦比量相違。

述記六卷六右五

破離識實有自體現量智中德句心心所應有所簡

述記六卷九左二

破大自在天中論文四因如次以下難於上宗然更互爲因一因難三宗亦得如理應知。

述記六卷十一右九

聲論中瑜伽第十五云處所根栽施設建立者如樹根栽樹之根本故聲根本名曰根栽卽是字也辨出

聲處所名爲處所本聲明也謂刧初起梵王創造一百萬頌聲明後命慧減帝釋後略爲十萬頌次有迦多設羅仙略爲一萬二千頌次有波膩尼仙略爲八千頌此上四論總名處所今現行者唯有後二前之二論並已滅沒字體根栽聲明論有三百頌波膩尼仙所造略成聲明頌有一千頌名爲聲明略本頌後有八界論有八百頌名爲因緣又有聞釋迦論一千五百頌又有溫郁地論二千五百頌此五聲明並名根栽能與根本處所聲明爲生智解所依本故然護法菩薩造二萬五千頌名雜寶聲明論西方以爲聲

明究竟之極論盛行於世。然聲明論有五品。瑜伽云相續名號總略彼益宣說。一相續是合聲合字法爲一品是第一分。二名號明劫初梵王於一一法皆立千名帝釋後減爲百名後又減爲十名後又減爲三名總爲一品是第二名號品名號分。三總略是聲明中根本略要。四彼益是次中略之令物生解名爲彼益。五宣說是廣宣說謂略中廣是後三品卽後三分。

述記六卷十二左四

聲論中有執一切聲皆是常有二釋。一云一切一切卽內外皆計常。二云少分一切唯內一切聲常。雖有二解前解爲勝外物雖復不詮顯生聲之緣亦有一切物其亦有各別隨應有之。

述記七卷二左七

極微五門分別。一辨眼緣。二釋違難。三說勝利。四何心所觀要方便非生得。五能緣之心何諦所攝。有漏通二諦無漏道諦收。然非唯苦通善不善執爲實有正觀觀察故非唯苦諦。

述記七卷二右二

破薩婆多中有三。一叙宗總非。二別破。三結妄。別破有三。初同觀所緣論第二比量可知。第三比量云和合極微非離本極微外有別體相卽不和合時極微故如不合時。

述記七卷十一右十

五境略以五門分別。一假實二有無漏三三性四異熟等分別五識緣分別。

述記八卷八右五

然依思願善惡分限者此是佛身無表之別句是餘無表之總句。由佛無表雖是曾得非念念新生。以昔發願制於業思衆生界盡我期乃爾以心無萎歇故戒常有。除佛已外戒皆未曾得由願制思不萎歇故。

未遇破緣戒常相續若遇犯捨之緣願旣萎歇更不新起名爲捨戒故也。然定道無表唯依善思分限別解脫無表全依善思願分限。不律儀無表唯依惡思願分限。處中無表通依善惡思願分限。故今合說。論然依思願善惡分限等者此是一切無表之通句亦是佛身無表之別句。佛身定戒與因不殊。唯別脫異不增長。故下增長言唯據因位。故佛別脫無表唯依思願分限願盡未來方可捨。故不同於因。故此初是佛戒別句諸無表總句。

述記八卷
九左一

增長位立者是除佛外。佛身循舊不增長故。

述記八卷十三右九

起身語思疏中但言是業非表無表名。身表業者動身表之業依主釋也。但言身業亦動身之業。若言身表者依身之表。其語即表發語之業亦語表之業隨應皆得。三思之中後之二思二義名道。前思遊履其審慮思唯生當果一義名道。問。若許思所發身語立表名。意亦由思作應當立表稱。問。身語思所作則許立業名。意識思所造亦應立業稱。答。不然。身語外彰他表名表。意唯內解自表非他造作名為業身語體造作意體雖他引非作不名業。其觸作意等皆由思作以成三性體非造作亦不名業。亦不名自表非王非勝故。五十九云身語名業道發思名業貪瞋耶見名道者。隨順薩婆多與此不違。問。若許思所發身語立表名意亦由思作應當立表稱。答。身語性是業可依立表名意非體是業如何得表稱。問。身語思所作即許立業名意識思所造亦應立業稱。答。不然。造作名爲業身語體造作意體雖他引非作不名業。其觸作意等皆由思作以成三性體非造作亦不名業。此義應思。五十九云身語名業道發思名業貪瞋耶見名道者。隨順薩婆多。與此不違。

表無表中略爲頌曰。惡戒生彼家發心起忍樂。是不律儀者。業道猶樂成。少多作彼事便成不善業如是餘有人發心等亦爾。此捨由五緣誓捨及受戒命終得上定形沒二形生苾芻非自受從他簡擇故近事及近住自受亦從他表業定從他無表通二受自受唯意表非表示他故。出家捨五緣捨學犯重罪形沒二形生斷善棄同分。近事由三緣捨學善根斷及棄眾同分並前非法滅。近住亦由三日出捨學處并棄眾同分非斷善法滅。定戒通無色初近分名斷餘持遠分性是名定律儀道戒唯九定六色三無色以見道許依五地。修道亦唯通三無色。瑜伽第一百云。九地能盡漏。即色界六地並能盡漏。即唯修道。見道不依中間三依五依生故。是斷依見修頓漸無間道。預流超越取第四果於欲界有斷對治故。對法第十三說預流依未至定得超第四不說依餘地者。今爲二解。如下第十卷解頓漸斷惑中疏文自解。此依於遠分隨應及有頂許有遊觀心故。若起異分心定散二緣。有漏無漏緣。不爾便非。便捨隨心戒。

述記八卷十三右十

難不相應中顯揚第十八云諸不相應皆有二失故是假有一因過失二體過失。因過失者若生生故名之爲生是則無別果生可得若生所生名之爲生是則不應名能生等廣如彼說。今應難云。

述記九卷一右二

破得中第三正破有二初破得後非得。得中又二一依教理齊徵卽七寶是二縱有別義徵又得於法等是初中又四初引教齊難二破救自在名成三由現在可假說有四破彼救若無得者未起之法應永不生者現在必有善種等故縱有別義徵中有二初問定後別破破中有二如文可知初破能起中有三如文。

述記九卷十左九

成不成中種子成就謂有二乘及世道成不成不說菩薩菩薩見道前二障亦有成不成應說二乘煩惱種有成不成所知一向成菩薩雙說資糧位俱生成

分別成不成。加行位一向不成俱生通成不成。入見道已修道成不成見道一向不成。修道第七一向成第六有成不成。煩惱障不斷一向成所知障種有成不成。皆思準。

述記九卷十一右六

異生性唯染二障種上立者。問。知障不障於二乘即說名無覆。無性之人二障俱不障三乘。所知障體何性攝。皆應非染。答。可斷種輕望不障以名無覆無性二種俱重通障三乘聖道並名爲覆。若唯取分別種名異生。即一界成三界應名三界異生。若取生現行種即已離欲應名諸界異生取與第八異生同地之性其體即得之。

述記九卷十五右七

同分略以十門分別。一釋名如疏決擇五十二云由彼彼分互相似性名眾同分。此意則顯眾者彼彼多非一義分者類義同者相似義。即眾多分類相似名眾同分。二現種所依雖俱通命根依之而立故此皆通。如對法三等流異熟等一切皆通。五十二云音聲等位故通三。四三性所依並通。五十二云邪見等類諸佛亦等故。五內外所依諸論唯內此中難他故俱通外。六繫非繫依皆通。七總別所依有無漏位皆通別總。八見所斷等所依九學等所依十總別得捨。

既通人法隨應捨得準小乘說今以理立有唯一得

不捨謂佛報身。有唯一捨不得謂入無餘心位。有永定得捨謂無性有情死此生彼。有定不得捨謂無爲等。問。有爲相似假立同分擇滅相似許假立耶。答。不然。有爲體用相似有同分擇滅無體復無用故不立同分眞如是一無相似故不說同分。

述記九卷十八左四

四正斷者。一律儀斷謂已生惡法爲令斷故生欲策勵。二斷斷未生惡法令不生故。三修習斷未生善法爲令生故。四防護斷已生善法爲欲令住生欲策勵皆卽精進策發故。慧自能漸伏惑。從果爲名名爲正斷。

述記九卷 廿一右一

命根以五門分別。一體二名三異熟非異熟等四有無漏等五問答分別。有難命根若唯種子者何故地獄八根現種俱定成就。答又七根有現種命根唯種。通論八法故言現種非命根有現行。又此八根定必成就設有種現皆定成之非說命根亦有現也。又以所持六處爲現斯有何失。此由業引功能差別名命根。佛由願力令種生現。連色心等之分限名命根。

述記九卷 廿三左七

問厭心入無心有細心厭色入無色有細色厭身入無身有細身答若厭麤身亦有細身如佛身故麤細總厭不得有身與心異故問厭心入無心二定名無心厭初入第二三禪名無心答厭心總厭六二定名無心厭下非上心上定非無心問厭色入無色雖有細色名無色厭下入上定上定名無心答業色上地無雖有細色名無色報心上地有不得名無心問心種防於心定體非心色色種防於色戒體非色心答所防性是色能防亦色收問所厭既是心能厭應心攝答所防所發俱是色能防於色亦名色所厭雖心

無所發能防於心非心色。問散色可然定道共戒無所發云何可名色於此難中可勵思擇。答厭心厭一切能厭非色心防色唯防惡能防故稱色。問厭心厭一切能厭唯心種防色唯防惡能防應現行。答曰通有。

述記十卷
二左四

上坐部立二相。化地部立三相。一剎那滅蘊一切色心。二一期蘊謂壽命此二辨相。三窮生死蘊雖別有法而非在相。正量部立四相色法一一期多時生滅心心所法燈燄鈴聲剎那剎那生滅動等時長大地經劫住經部師若順薩婆多故俱舍第四說彼意生用未來三相用現在然是假立非是本計其經部師本所執相與大乘世同古一切有師生在未來現在一刹那三相時別初位名住此能取果有殊勝力故異滅不能其力弱故住位以後令法衰微名爲異位異位已後令法後用無名之爲滅若正理師生在未來住異滅三同一時用生令法將有用住能令法取當果起卽住之時異能令法後不及已前弱於前故有爲法爾勢力羸劣不及前故而或有時法增長者由餘緣至令生如是非本法性本法性劣必衰異故其

增長時其異仍體在性令法劣故滅即於住時起用令用至後念無若經但說有二相者一切有師云舉初後相以略中間生轉令法有用有用之時在現在未來生時法未有用故滅能令法將無用後刹那中正無用故住雖有法不及於生異雖衰法不及於滅是故略住異但說於生滅正理師云比顯二時起用未來起生功能令法入現在現在有滅時令法入過去住異之用與滅同時時不異故所以不說生滅乃是有用無用之始際不說生及住異為二相等

述記十卷
三右四

第三破四相中有二。初總非後別破。別破中有七。一六囀無差難二能所不異難此二皆有宗比量相違因不定過謂初彼量云三有爲相異所相法定別有體說屬主言故如提婆達多之衣後比量云三有爲相異所相法定別有體是能相故如煙等相。故皆有二過。

述記十卷十二左六

第一難比量相違汝名句文非實能詮許異聲故如色香等第二結歸聲詮第三外救云聲上非卽異聲之名等量云聲上屈曲定異所依實有色蘊上屈曲

故如長短等。此有三過。一闕無同喩。不分別彼此長等故。二若以大乘長等爲喩。同喩中無所立過。大乘長等非異所依實有體故。三若以自長等爲喩。因中有彼法差別相違過。異所依實有中異所依別處實有異所依同處實有等爲法差別。量云。聲上屈曲定不異所依別處實有色蘊上屈曲故。如長短等。或文字等處攝不別故。故知名等實爲無用。第四外難云。內聲屈曲不能詮表。聲屈曲故。如絃管聲。論主爲作有法差別相違。內聲屈曲能生名不能生名是有法差別。故量云。汝內聲屈曲不能生名。聲屈曲故。如絃、管聲。此就他宗難。又誰說彼等申自宗義恐違比量量云絃管屈曲等聲能詮表有因受大聲之屈曲故如自許內聲彼量云大乘風鈴聲等應有詮用聲性故如內語聲等或內聲等不能詮聲攝故如風鈴等。次云直以理逐如彼風鈴不生名等我風等聲亦不能詮。量云汝風鈴等聲應生名聲攝故如內語聲。第五諍語與聲卽異。

成唯識論掌中樞要卷三

成唯識論掌中樞要卷四

唐京兆大慈恩寺沙門窺基撰

述記十卷十七左七

言天愛者。梵云沒佉此名爲愚。天有三名。一提婆此云天。二嚕縛平聲呼之此云光明。三鉢剌闍鉢底此云生主。鉢剌闍生也鉢底主也。舊云世主也。摩訶波闍波提名大生主。是也。此即梵王。世間之勝莫過於天。世間之劣莫過愚者。喚愚爲天。調之故也。喚奴爲郎君等。光明者照了義。愚人癡闇。調喚爲光明。如名貧人爲富賊物。亦如喚鈍人爲聰明物。梵王世間皆計爲父猶彼所生但知端坐雖能生一切都無動作癡人喻彼雖被驅使百種皆作都無所知無小別識劣從勝號名曰生主此癡天可怜故曰天愛也。餘義同常。

述記十卷十八左八

問。字是名句依而不詮表。大乘離聲無體何者爲字。此方但有一字名其字離解。彼方多分無一字名如言殺字有三字合謂沙吒多三合方成一殺因字如六音鄔字。無詮表故故雖假立亦有字轉名句文身。文身異名身。文者彰義彰彼二故。文名顯此爲所依顯彼義故。文名字無異轉故如袁壹等。如疏中釋別名等。名身者。名謂呼召名因稱名。句者梵云鉢陀如疏中解應云跡。一釋名謂名身等皆依士釋身是二總名是一別。別名之身名爲名身二名積集名爲身故多名之身亦復如是以一名非身故非持業釋。然此三種不單言名復不言多名身唯就名身等者言中攝略廣故單言名身且以略言多卽廣故。二辨其差別。論云名詮自相等。五十二云爲名句所依名字於一切所知所詮事極略想是字若中是名。若廣是句。若唯依文了達音韻不能了達所有事義若依止名復能了達彼法自性亦了音韻不能了達所簡擇法深廣差別若依止句一切能了。對法亦同。顯揚十二云有字非名謂一字有名非句謂一字名句必有名名必有字故成差別若能顯名顯何故名句不名顯以非本故謂名句自體詮由文身顯如飲食有味由鹽方顯之。三界分別名有二種。一言說此中者是以聲為體唯二地繫以即語聲故發語之行唯二地故此隨聲繫。二識上地無無漏即言有語言初定有何妨二定有。又論云顯多由彼起非說彼相應。五識既爾語言應然無漏上地言有語言有漏者依上地意發亦無過。如引五識尋言說定自在所生聲無色三界起言亦有何過有漏語言必麤云何上地起而無尋伺四有漏無漏即明三性唯二性取境名通三界五釋妨難何故四蘊亦名爲名能取境故如名相似體相非顯以名顯故名在此聚故依名行境故五十六言順趣種種所緣境義同第一解依言說名分別種種所緣境義故同第四解名爲一名問何故二名已上方名爲身一名非身此中三種總名爲身等也名及名身多名身不出名身又三中從二名爲身故問如多名身名身論云但有二種何故名多解云身雖有二名有其多多名之身名多名身非多身之

名或隔越名多身亦有多故何故不立頌等如疏中解。

述記十卷二十二右九

總十四不相應此雖說非得諸論多說異生性今依其有且說十四種以十門分別一有之所由二廢立三聚依處四現種依五有無漏六三性七見斷等八五位九界繫非十九地然依對法有二十三除不知合雖有等言不別解釋瑜伽第三五十六顯揚第一百法等立二十四五蘊及此論立十四顯揚云復有所餘如是種類差別應知各依一義以立實可說多

一說有所以由起屬主言論等故如顯揚論十八說。
二廢立卽前次文是。三辨聚法依處依處有三一心
二心所三色以有別依有總依故。一唯依心種謂命
根此攝正。三唯依色立謂名句文身且依此土非餘
佛土。四依心心所二法立謂二無心定及果異生性。
六依三法謂得衆同分四相通依三種立上六十五云
依名分位立無想滅盡定等故唯依心心所四辨現
種依五唯依種謂命根二無心定及果異生性三唯
依現謂名句文上六通種現謂得等五有漏無漏一唯
無漏謂滅定三唯有漏謂無想定及果異生性十通

二種謂得同分命根名句文四相佛等皆有故。六辨三性。今四唯一性。二唯善謂無想滅定。二唯無記謂異生性無想異熟唯無覆。四通二性謂名句文命根四。因唯無覆無記果唯是善。六通三性謂得同分四相。七辨見斷等三。一唯見斷謂異生性。一唯不斷謂滅定。二通見修斷謂無想定及果。五十三說唯見所斷不生故。五十七說善法修所斷斷緣縛故餘十種通見修及不斷。八五位。謂見修等二唯資糧謂無想定及果。十住第六心方不退卽優婆塞戒經舍利弗六萬劫修道尚退故。已前尚得起。瑜伽論言非聖所入。又十住第七名不退心以後更不可起。一唯二位謂異生性在初二。一唯二位起謂滅定非初三。若廻心可爾。三唯四位除見道謂名句文。七通五位謂得同分命根四相。九界繫。二唯一界謂無想定及果三通二界及非界謂名句文。一通三界謂異生性。一非三界謂滅定。七通三界及非繫謂得同分命根及四相。命根五十七說不通無漏不說佛故十九地。三唯一地謂二無心定及果。三通二地謂名等三或五地八通九地謂異生性及餘七。

述記十一
卷三右五

別以量破三無爲中有二初審定問後隨二難。難中有二初難一後難多。難一中有三初總牒一體徧一切處次別難之後出彼因。執彼體一理應爾故別難之中分三三無爲故虛空中有四一體應成多二應互相遍三應非容受四有應相雜。有同處不相離色爲不定過爲如色處處無別故虛空卽色處爲如香等處無別故空非色處。

述記十一 卷六右八

許無因果故者。大乘之中無爲是離繫果。十因中觀待攝受引發定異同事不相違因得。是觀待攝受同

事相違不相違因能得增上果今就他宗文是同品
亦無過失定有性故
述記十一
卷七左四
敘自宗無爲中有二初總標經說舉數明之後隨列
顯後中有二解二別故初中有二初顯依識變後顯
說爲常解依法性中有五一標依法性二顯法性體
三顯依義四結依假五釋衆名廢立門應立一謂眞
如餘非實故又可立二順世間立二謂空非擇眞如
立一或應立三眞爲一隨障斷爲一順世間爲一今
順世間立二隨障斷立三眞立一隨其所應開合別

說。

述記十一卷
十二左七

無爲以五門分別。一諸教增減。或說三四六八等。二出體。三三性分別。一善等三性若本唯善卽眞如故。若相通三性許三性識變故。二所執等三性第八卷說通三。此第二說唯二性。四諦攝。一安立非安立諦。二二諦眞俗攝。二三諦。三四諦。四四諦。五釋難於中有五門。一一多。隨心言多。初體但一。二何攝十因六因應思。六因中唯能作因。餘皆有爲。十因通五。一觀待因二攝受因境界依處故。三同事因同爲生等。一事業故四不相違因令聖道生故五相違因與礙法生法染汙相違故說爲滅性離障等也五果攝何擇滅者謂離繫虛空非擇攝增上果三凡聖得虛空非擇通聖凡得想受滅擇滅眞如定唯聖者得不動二說四伏斷障得想受滅通伏斷如常何故擇滅不伏得已不害隨眠故其不動兩解一內道得唯斷得外道伏得計爲涅槃滅心心所故內道不然又解內道亦伏得如想受伏得此伏三禪已下不得伏欲界已二性煩惱增强故如不伏得第三禪已下障得想受滅已變異受强故以理而論旣有伏三禪下惑得不動卽

此人伏四禪上得想受。斯有何失。二二受強故論不許之。若爾更應伏欲界障得不動滅。旣許二性障令不得伏得不動。三定下障伏不能得想受何失。五問答。何故擇滅三界唯立一。定障別開二。以變異不變異相顯於煩惱故。問。何故伏惑得非擇亦伏煩惱滅亦得伏定障何故不分二唯分害隨眠耶。答。定障通於事觀斷亦有伏得者。煩惱要唯理觀除故無伏得者。設有異生得定伏煩惱亦名定障。本求定故而未求理聖得者隱而難知故分別說令易趣入。凡得者是可斷。又凡得易而相顯更何須開。

述記十一卷
十六右五

法執中問第七影像攝相歸見可名有覆攝影歸質可名無覆。亦應攝相歸見名爲分別攝影歸質得名異熟。答。不離見故性類可同非是能緣不名分別。託質方起可從無覆非業果故不從異熟。問。非是能緣不從分別有覆應爾非是業果不從異熟無覆應然。答。性通多法二性可從見果義局不從分別及名異熟。

述記十一卷
十八右四

此二法執麤故易斷入初地時乃至除滅。初有四種。

一地位初在初地斷非餘地。二聖道初彼中唯見非修故。三眞相初在眞見道非相見道故。四四道初在無間道非解脫道故。此依一心見道非斷麤重釋在此四初斷分別法執。若解脫道斷麤重。三心見道等。

隨義應說。迷淺必深人執必法。解淺非深人空非法。悟深必淺法空有人。迷深亦淺法人俱起。然人必常一有法不帶人。人用必帶體人執定有法。

述記十一卷二十左二

緣用必依實有體故者。此據正理。外道小乘所執體無不得成緣有所緣義。前卷設許薩婆多等有極微故縱成緣義而無所緣就他比量非自所許。今述正義故不相違。

述記十一卷二十一右四

同聚心所自許相緣下第八云勿見分境不同質故遮見分境不同質過非令知能緣必同是見分故佛第八見分等與相應法自證分等同一所緣自之見分故不相違。問。心心所法既自相應諸自證分既不同一所緣所緣亦不相似如何說爲相應證自證分爲問亦爾。自證是識體何得不相應具時等依等事等處等。此闕處等各緣自見非他故。此義應思。

述記十一卷二十三右九

我法若無依何假說者所似既無說誰爲能似能似假說無故共法之似亦不成成不得別解義依於體等假世間聖教二似俱不成故。

述記十二卷一左七

破小乘眞事中有三初總非次別顯後結依別顯中有三初顯不依眞唯依共相轉次顯詮智有勝功能亦非離此等是後總申假說不依眞事然假智詮必依聲起等是由此但依下結假智所依。

述記十二卷三右七

亦非離此有別方便有二解。一云卽以假智詮施設自相爲假所依。由假智詮顯於法故。如手指月等。不爾如何說爲自相能證得也。二云假智詮境不得自相。亦非離此二外更有別方便施設自相可爲假所依。顯此二既不得自相離此亦無方便可得自相意顯自相除證智外莫能得者。

述記十二卷七左六

依佛地論第六云若共相境二量所知。云何二相依二量立。有義二量在散心位依二相立。不說定位。若在定心緣一切相皆現量攝。有義定心唯緣自相然由共相方便所引緣諸共相所顯理者就方便說不如是者名知自相由此道理或說眞如名空無我諸法共相或說眞如二空所顯非是共相如實義者因明二相與此少異彼說法上所有實義皆名自相以諸法上自相共相各附己體不共他故若分別心立一種類能詮所詮通在諸法如縷貫華名爲共相此要散心分別假立是比量境一切定心離此分別皆名現量雖緣諸法苦無常等亦一一法各別有故名爲自相眞如雖是共相所顯以是諸法自實性故自有性故亦非共相不可以其與一切法不一不異即

名共相。自相亦與一切共相不一不異。故是故彼論說諸法上所有實義皆名自相。經義不爾。故不相違。

述記十二
卷九左二

四十九立七地。一種姓地二勝解行地三淨勝意樂地四行正行地五決定地六決定行地七到究竟地。四十七種姓勝解行極喜增上戒增上心三慧諦覺分緣起無相有功用無相無功用及以無礙解最上菩薩住最極如來住。種姓地卽種姓住。勝解行地勝解行住位也。淨勝意樂地卽極喜住。行正行地卽增上戒增上心三種增上慧有加行功用無相住。決定

地卽無加行無功用無相住有三決定一種姓定二
發心定三不虛行定此地菩薩墮在第三決定中故
決定行地卽無礙解住到究竟地卽最上成滿菩薩
及如來住合立其阿賴耶名在前四地毗播迦名通
六地半第七地中攝第十地菩薩故阿陀那名貫通
七地然依雜染位多分異熟通阿賴耶故又十三住
初名通九第三名通十三異熟名該十二故名爲多
依生死標故唯取此此二解依不共所緣以三性境
爲所緣者不說二乘二二乘迴趣亦此所攝疏之二解
通三乘解以上簡自名心其簡意二不名心所以與

阿陀那名等故意名不及第七故不取之又簡他識多者相續義一切時行名之爲多多時行故異熟者業果五果中異熟果六識雖有異熟而非多第七雖多非異熟故唯此名又多者廣義卽是總義異熟之義雖通六識非總報主不立多名第七雖多非異熟故名異熟餘識不名

述記十二
卷九左九

又思量者簡他識如疏又簡自何故此名意有二義一者依止名意二者思量名意何故名思量不名依止依止之名是共他故今不共故又依止名兼他顯

自以能依止顯所依故思量之名自行相義以行顯體以緣多故相續恆起行相深遠名之爲審故以思量行相而顯自性不名依止又現正思量名之爲意對法第二無間覺義是意即次第滅根今此思量是現正思量簡無間故言恆故顯此思量恆現在故又簡自名何故不名心識而獨名意百法等說識有八種有心地說八並名心故以恆審思量之義勝餘名故若恆集起名心不及第八若了境名識不及餘六故以意名而標自稱不說心識由此簡他識有二義一此餘識非恆及非審故如疏解第二此中心識不

及八六。但自識思量之用勝心識故。簡自名中亦有二。一不唯依止解意非諸論中依止之義他之共名。二顯常現在非無間覺。

述記十二
卷九右六

又了境者。一唯見分行相而現自體。二簡他識有四義。一易其知故嬰孩之屬皆知有故。二共許有故三乘通許。三行相麤故四所緣麤故。唯六名了境餘不得名。又自可名爲心意何故但名識不名心意等。以了境之行相麤故易知顯其自性。心意不爾。眼識等名心義難知故有心地說八並名心對法等說無間

覺意故簡自名又簡不名異熟名等顯異熟等名相難知故非多分故自餘別義如對法抄及別章說

述記十二
卷十右八

能變中有五四句初應總因果爲句次等流異熟各別因果爲句次以二相對爲句後轉變變現爲句合五四句思之有唯轉變名變非變現名變謂一切種子有唯變現名變非轉變名變謂因第八及六識中業果現行幷佛功德一切諸心心所有俱句者謂因七識俱非者謂異熟相分但是所變故一切因位有力相分爲能熏故亦轉變名變非變現名變第一句

攝其因中六識業果相分及一切第八佛果諸心心所相分並爲第四句。又有因變非果變謂成佛已去一切有爲無漏種佛更無現熏生故。有果變非因變謂第八六識中業果并佛一切現心心所俱句者謂因七識能熏現行及能生種俱非者謂佛果上一切相分。唯以等流爲因果能變作四句或唯等流因非果變大悲菩薩之果無漏法爾種有唯等流果非因變謂佛果現八識有俱句卽因第七及六識無漏并威儀工巧變化因種有俱非句卽佛果相分以異熟爲因果能變作四句中唯有三句無第三句故有漏善惡種子爲初句第八及六識業果現種爲第二句。無第三句。俱非者如理思。第七及六識非善惡并業果心等。是於八識諸科文頌皆應別叙各爲五句。後別應思。

述記十二卷十四左七

眞異熟具三義。一業果二不斷三遍三界。第七具後二義非初。第六報心具初後義非中。非報心具後一義非初二。五識報心具初非後二。非報心三義俱無。故唯第八獨得其名。

述記十二卷十六左七

十因中第八現行望諸法能爲幾因。一觀待二攝受作用依處相攝受故。三同事四不相違非言說故非潤未潤生後果故。非引發定異不親引他生非定分別生故。不相違思可知。種識望諸法能爲幾因。可爲觀待牽引生起攝受引發定異同事不相違合八因。唯無隨說相違二種。

述記十二卷二十左二

問。三藏闕一不名阿賴耶。三持闕一不名執持。答。本以執藏解藏闕此便失其名。本以執持名持闕一猶名執持。又三境有差別闕一境尚名能持。藏者所藏之用闕一不名賴耶。問。第七闕三中一之義。應不名末那。答。言末那者通有染義。差別義無。尚名末那。有思量故。

述記十二卷二十三左六

體相沈隱名之爲因。故唯在種。體用顯現立爲果名。易見故不在種。不爾應通因果。

述記十二卷二十四左一

准此中云三相俱唯現行。現可見故。執持勝故。從勝爲相。第八三相攝論第二卷以種爲因相。諸法因緣故。現行爲果相。二種所生故。現種俱爲自相。現種俱爲自體故。又說唯現行所藏處名所藏故。論本之文本意如此。又說自相因相通釋第八現行及一切種子能藏所藏。故自相體通一切種相應更分別故。因相亦通。其果相唯第八現種除餘種子非異熟故。第四說三相俱取現行及一切種。與轉識互爲因果故。攝論云。言熏習所生諸法此從彼異熟與轉識更互爲緣生故。果相亦通也。又諸法於識藏識於法亦爾。等在因具三相。佛果唯自相因相無果相。非熏非異熟故。若準攝論頌不唯異熟名果相但從他生名果相。佛果現行可名果相。自種生故。前解爲勝。望他爲

因果故

述記十三卷一左七

種子以諸門分別。如別抄下是。

述記十三卷一左八

謂本識中親生自果。今簡數論數論大等。藏最勝中。

述記十三卷二右十

論若爾眞如應是假有者此有多過宗有比量相違亦有決定相違亦有自不定。比量相違云種子應非定假與法不一異故如說眞如爲如瓶等與法不一異故種子是假爲如眞如與法不一異故種實有耶。

故爲不定。

述記十三卷五左五

若由本識種子性故相從無記。亦應相從一界所繫。繫縛據義見相別繫。無記是性性類復同。不可難以同一性故相應非色。

述記十三卷六右五

瑜伽五十七二十二根中云。問。幾有異熟。答。一謂憂。十少分謂信等五四受意通無記無漏故。問。幾無異熟。答。十一謂七色命三無漏。十少分謂四受意通無記故信等五通無漏故。問。幾有異熟助伴。答。最後三能助有可愛異熟法。令轉明盛。能感決定人天異熟。問。幾是異熟。答。一命根。九少分。七色意捨。問。幾有種子異熟。答。一切皆有。問。幾非異熟。答。十二。謂信等五。三無漏。四受。九少分。謂前九通長養善性等故。問。幾是異熟生。答。亦一切種子所攝異熟所生故。此中雖有七問。總三門分別。初三為一門。次二為一門。後二為一門。第二門中第二問。第三門中第二問。當唯識種子中無記性難。或為二門。初三為一門。後四為一門。

述記十三卷
十一右五

唯新熏中第二釋難釋前初四通證文。第四解違中解後三別證文。

述記十三卷十七右二

非熏令長可名因緣勿善惡縛與異熟果爲因緣故者。若現行業望自業種令增名因卽業種亦令果種增故應名因緣此義可然然非正好。初熏習位已令果種增非已後故非業種令果種增但應如疏解。此中護法現行望本有種無因緣義但增長故。如何可說種子現行互爲因緣護法既存新舊望新熏者正是因緣望本有種爲增上緣不辨體故。

破新熏中大文有五。如疏。第一破本宗義中有三。一初道無因難。二相違互起難。三凡聖轉易難。

述記十三卷十八右十

破分別論者中有三。初敘宗。次別破。後自釋。別破中有二。初空理非因難。後起心非淨難。起心非淨難中有八。一相轉體常難。二性應同難。三惡與善俱難。四不俱非善難。五例惡非因難。六治障性同難。七凡夫起聖難。八現種應同難。

述記十三卷二十左六

述記十三卷二十三右三

大衆部等無種子破分別論者而言成種者。別破大乘異師。又經部別有種子。薩婆多因義種子義。未來有無漏因故。大衆類此亦然。凡夫身中有可當生無漏之因義名爲種子。不同經部等。又不相應隨眠亦名種子等。

述記十三卷 二十四右十

第四會違中有四。一 諸聖教中雖說內種下會前內種定有熏習及三熏習等文。二 其聞熏習下會前攝論說聞熏習聞淨法界等流文。三 聞熏習中有漏性者下會前攝論是世出世心種子姓文。四 依障建立種姓別者下會前瑜伽有情本來種姓差別等文。或分爲五。若作四段總會前新熏家所引之文。今爲五科亦兼傍會前對法之文。聞熏習中有漏性者下會對法云決擇善根能得建立爲無漏姓修道所斷等文。此正因緣微隱難了下方會攝論是出世心種子性文。義兼傍會於理爲勝。前新熏中多界經者即此家義新熏之證。故不須會。

述記十三卷二十七左八

會瑜伽中有二初會後難。會中有三初標次釋後結難中亦三初立理次破救後申二難。

述記十四
卷一左七

瑜伽第五建立因有七相第一無常法是因無有常法能爲法因謂爲生因得因成立因成辨因作用因卽當六義中第一刹那滅第二又雖無常法爲無常法因然與他性爲因亦與後念自性爲因非卽此刹那卽當六義中第二果俱有第三恆隨轉其與他性爲因者卽種望於現行名爲他性緣不緣礙不礙隱顯等種種異故名爲他性卽果俱有其與後自性爲因非卽此刹那種子相生名爲自性前後生也卽恆隨轉故唯識云此顯種子自類相生攝論唯識以果

世別開之爲二瑜伽據一念因能生二果因無別故合之爲一。亦不相違。若諸種子生果應取所熏中說同身非相離者卽爲亡人七齋追福何有他作而得自身受勝果等。又異趣身如何受果。有解前趣有善惡相令受罪者能發善心。又經云地獄等上有白黑幡表善惡相令彼罪人發善心故。若爾鬼畜人天無白黑幡應不受果。有解但是化後俗語何必得果。我煞還我上走避亦難故。又解由作願者勝願資故令受罪者七分得一。又由亡者曾有處分作善惡事現在爲作果遂本心故有果報同趣可受異趣成難。又無受盡相依名言種生自同類有受盡相謂善惡業得名言種感異性故次萎歇時非善惡種生自善惡而有萎歇第三又雖與他性及後自性爲因然已生未滅方能爲因非未生已滅卽當六義中果俱有及恆隨轉二唯識云雖因與果有俱不俱而現在時可有因用未生已滅無自體故正顯爲因之世非正種子之義現行之因得諸果等皆亦爾故攝論唯識以通諸法不唯種子故果俱中因言敘出瑜伽前既合二爲一故別門說爲因之世故不相違去來非種子也第四又雖已生未滅方能爲因然得餘緣非不得

卽六義中第五待眾緣。第五又雖得餘緣然成變異方能爲因非未變異。六義之中無別相門卽待眾緣攝。夫待緣有二。一顯一因體不能生果故待眾緣。二顯待緣已方始變異。瑜伽據體卽有別開一爲二。攝論唯識以待緣義等合二爲一亦不相違變異是轉易義故。第六又雖成變異必與功能相應方能爲因非失功能。卽當六義中第四性決定。第七又雖與功能相應然必相稱相順方能爲因非不相稱相順。卽當六義中引自果。總而言之合六義中第二果俱第三恆隨轉瑜伽第二第三義門對說開六義中第五待眾緣為瑜伽第四第五自餘一切六七無差別。勘瑜伽第五抄。

述記十四卷十二右二

生引因中瑜伽等云未潤種子名牽引因已潤種子名生起因。三性十因悉皆如是。果雖合為一不論遠近正殘生引。其能生種通業及因緣。未潤去果遠名引因已潤去果近名生因。正合能引所引說為引因能生為生因義。三性十因即為三義生引二因。并無性二合有五解。既有正殘為生引亦有內外果為生引。

述記十四卷二十二左九

三法展轉因果同時中難云舊種生新現爲因果種生新種現熏成爲因果現起若使新種無生力唯從現所生亦應新現力猶微如何起新種。答。新現緣皆具新種故從生新種未逢緣故不能生現。問。現行新所起卽言緣已具。新種亦新生何不緣稱具。答。新現能熏四義具故說現逢緣。新種未逢加行引故不緣稱具。要由前加行勢力牽引故種子方生現。問。能熏四義具卽說現生種。種子六義成應說能生現。答。逢不逢緣二有別故。如前已解。

述記十五
卷三左二

六十六說五相名執受。初三。一唯色名有執受。此遮心心所等非執受故。二於色中所有內根根所依屬說名執受。此遮外不屬根色非執受故。三心心所任持不捨說名執受。當知此遮過未及現在世依屬根髮爪等及遮死後所有內身非執受故。執受有三義。一生覺受義。即對法文。二能生覺聚類。即五十六文是。三親領爲境安危同義。即此文及五十一等文是。

述記十五
卷九右十

第二三變俱解體行唯初能變釋行非體。此有二解。

一云具論者質故。不具論者影故。二云初變有三相後二皆無。自相卽自體故。初變但解行。不可重彰其自體故。後二不然。行體雙釋。此解稍能。

述記十五卷十四左五

達無離識所緣境中稱行相相似。雖第三卷有二和會。然無分別智緣眞如所緣不相似。應言同一。此唯識文不盡理。若就瑜伽言同一。卽無本質心唯相似故不可同一。應會二文以爲正理。偏取可皆非。非正中釋應如理思。或二文說。瑜伽約相似名同一。此論約境一名相似。同一境轉故。亦不相違。釋所緣相似與瑜伽同一所緣有五釋。一就彼文。二就此文。三彼約本質此依影像。四彼此約皆同。五彼依無爲有本質緣此依有爲無本質緣。

述記十五卷十七右一

心分既同應皆證故。此量不定。由第四心分應有能證。第三卽是。何故無也。立四分量云心心所法一剎那中定能自顯能顯他故。如燈日等。此因有法差別相違。喻有所立不成。以燈無緣慮心有緣慮故。

述記十六卷二右九

論如衆燈明各徧似一相各各別。對法第二眼識於二根如二燈共發一光。此如何通。此以隨說小乘法爲喻。彼據大乘體義爲喻。亦不相違。如因俱聲共別造故。若爾如多燈共處其影便殊。云何共造。今正釋者。如一盞中有多燈炷及因俱聲大種隣近共造一色。兩盞別炷不共造色。故影有別。

述記十六
卷四左七

第二師變外處中有三。一破他。二申自。三釋妨。破他中有三。一聖應變穢難。二凡應變淨難。三無用變下難。

述記十六
卷五右九

第三師中亦三。一破他二申自義三釋妨此說一切共受用等是。破中有三。一器壞無因難二已厭無用難三有身無益難。

成唯識論掌中樞要卷四

成唯識論掌中樞要卷五

唐京兆大慈恩寺沙門窺基撰

述記十六卷十四右八

定等力界地自他不定者此有五。一定力二通力三善法力四借識力五大願力。由行大願引他地色現在前。然第八識唯有初二。後亦通餘。因便顯之。亦無過失。如第八識無漏意引定果色令欲界第八變。不妨欲界有定果色種無能引變。如第八緣境中色聲觸中假色緣。不緣者法處假色。何故不緣。任運心及八俱心所有此妨。見隨本實種子生名因緣變。此爲正義。

述記十六卷十六左三

其上天眼耳見聞下色聲不託本質。如第七卷解。第八得其相見相異界攝。五識得自相應許別界收。不許別界者云何名得自相。第七卷解不許。今解云許異界無失。先解得處自相義。今解得事自相。

述記十六卷十七左二

勝定果色大種造不如對法第一末疏雖有五文說造不同。說先變爲大種後造色生並同繫等文者有義此說依欲色二界地定果色以有所依身、故無色界定果色從本質大種造定中無大種無所依身故。

述記十六卷十八左二

勝定果色略以七門分別。一凡聖起。如對法抄色界通果可通凡聖。如三十三文。若無色界毘鉢舍那菩薩緣三界及無漏亦有定色。淚下如雨及宮殿香故。必要是聲聞能變非是地前故。皆通凡聖皆能起之。有用無用即成差別。如三十三說。第二依地者此有二門一能變依二所變依。能變之中通唯四定。如唯識疏。定力通無色。色界六地無色四地可然。餘七方便作用狹劣欣厭上下無勝力能故不能變。或除方便初未至亦無相故。有義非想行相微細闇昧故不能。初近分地亦無廣通故亦不能。此上隨依通有漏無漏。所變依者。變色無色界及與無漏決定皆得隨能變故。於欲界中如身在下界意引定果色與上界色類相似及無漏者。欲界五識未必能觀名無見無對。下界第八所緣可爾如眼耳通扶根塵等。此類甚多。若有四禪作欲界化能引麤色似欲界者。爲令欲界衆生受用卽令五識第八所緣皆欲界繫隨意樂力起色果故。亦復無遮。三十三云。聖神通變能令受用成辨所作故。三有漏無漏。凡夫所變唯有漏。不能令用唯令他見如三十三說聖者所變通有漏無漏因五第八見皆唯有漏相勢同故唯無記性在果唯無漏善自他俱然第六意變自他俱通有漏無漏通善無記利戲別故然無色界及中間唯是善性無通果唯定境無記定不能故四靜慮果即通無記此在七地以前二乘異生非八地等四具境多少不變根等在中如對法抄等五大種造性如對法抄六定通別如唯識疏七界處所攝者因中意識第八所變之色五識不得定屬法處以境對根及果對因皆定爾故能緣之根俱是意處意界意識界故以果屬因定

法處所攝故不以影從質五塵等攝五不見故亦得從質爲名名色聲香味觸等故然有不依質而變故不以影從質攝若令五識得受用者卽通五外處及法處攝法處攝如前說五境攝者以境對根離因從果故若五識外境以果從因名勝定果亦法處攝意八俱境相從亦爾在佛果上五識意識第七八所變實色者從五識故皆名五塵不爾佛果十八界云何名無漏佛地唯識廣成立故如散心五八意所變五塵皆五塵故佛果意識中第七八所變假色如八勝處等可唯法處若五識等亦五外境收今唯於法處

說勝定果者。由在因中根本色故多五不緣。自體微細名無見對。若神通等所發許五見者。顯揚第一勝定果法處色所依成就者亦令他見。卽非無見無對非如散色名無見對。從本爲名非實無也。三十三云凡夫神通定猶令他見故。卽依此義。有說佛果無十五界若不爾者勝定果色應不唯法處。護法等解約因位中安立諦但說有處界故唯法處說勝定果。不爾云何經言十八界種通有無漏獲常色等。故前解善。

述記十六卷
二十右二

因緣故變等中疏有四釋。一因緣者任運義分別者強思義難陀師觸等五法亦能受熏持諸種子變皆有用即違成業多種生芽下第三卷自當廣釋非也第二因緣者諸法實因緣分別者餘七識非實種子故唯取第八所變是因緣變者。此言因緣是何義若論異熟應通五數何故不爾若五識所變不是實法云何名得自相若言得處自相非事自相即青黃等及定四大等非五識得甚大靈異火燒身時應不覺痛等。又本識得實非五識者即應五塵法處所攝非五境攝許五識得自相者以總從別五塵所攝既不

許緣自相如何以假從實五塵所攝如勝定果色本
唯意變設雖五識得以末從本名勝定果法處所收
離本說末以境對根可五塵攝青黃等色五本不得
唯意所緣應法處收何因以實從假五塵所收第三
解云因緣者異熟心因謂名言種子緣謂善惡業緣
若隨此生變必有用本識觸等爲例應爾若不自在
故非者五識非一切時是業果故俱意亦然如何變
必有用又獨頭之意是業果心因緣變故亦應有用
由此故知第四說善因緣者法體實從眞種子生從
眞種子生者所變有用餘名分別性境不隨心獨影

唯從見帶質通情本性種等隨應性境全及帶質一分是因緣變獨影及帶質一分是分別變然帶質境可通因緣分別二門從種及見二門攝故若所緣心無心用者見分爲境自證分緣云何有用答自體義分非相分故。

述記十六卷
二十三右七

變無爲等便無實用等者等取不相應法無爲無實所等不相應無用合而爲文非無爲無用也有解眞如未證實假無爲無用二俱不緣合而爲文故言無實用又解眞如雖無實作用今言用者力用即是眞

如離繫之力。今言本識變爲眞如不如本體無實離繫之力名無實用。非無作用名爲無用也。此解爲正。

又設影像心中亦無實用所以不變說第八識緣三種境。不言法處境者依非定通力法爾所緣故。設變法處不異內身及外器二故。卽二攝盡。

述記十七
卷二左五

五十一云乃至未斷斷斷則約無餘斷斷非離縛斷。

述記十七
卷二右一

解觸中有三一略標二廣辨三破斥。廣辨中有二一初廣前瑜伽但說與受想思等者下會違廣前中有二初廣體後廣業既似順起心下是廣體中有二一初廣三和分別變異後廣令心心所觸境爲性和合一切以下是初中又二一初散釋三和分別變異後會集論根變異力等是初中復三一釋三和二釋變異三釋分別由三和變異俱非已能故前別說後方釋分別此中由想起言說何因不說爲語言因者以尋伺親想疏故思令心等取正因等何因說信等則自性善此中三和合皆有生心所功能說名變異無爲無變異如何有生心所功能今解此據有爲緣三變異若無爲緣心二一變異無爲無變異功能故又解依無爲

有隱有顯分位變異不同有爲體有變異故無爲有位異故說名功能體無功能也如第七識以第八爲根復爲境依說觸爲二和。

述記十七卷六左九

釋業中初釋總文起盡經說下引經證成。

述記十七卷七右三

會違中有二初會瑜伽後會集論解相應中而時依同所緣事等。

述記十七卷十八右十

若約本質或無本質法一切名等同緣一境故與事

等不同。若影像相相似名等與事一種。無分別智緣如無影不可相似不同一故。知有本質者影像名相似本質名同一。若無本質者有爲緣相似名同一無爲緣境一名同一。此據實緣故不相違。

述記十八 卷三左四

勝義不善謂生死流轉何故與無漏爲依而言善染。違應不與二俱作依。

述記十八 卷三右七

蔽心者有二。一法性心二依他心。

述記十八 卷四右六

心所例中第一師不例異熟等者應思一一不例所以以義不同故何故觸作意思三皆言於心等受想不爾。

述記十八
卷六左三

心所例中第三師云以六義例今觀第四師難意不例了別及與受俱則例六門雖有難言觸與觸俱許五法俱爲例同故三釋皆以後阿羅漢所不捨藏唯心王捨藏爲非心所捨藏名所以前例如是不爾何故中略例也此則依初二解爲正並第四釋難中有十一總非二卻詰三難令不受熏四縱難受熏五他

救六復詰七彼釋八正難九轉問十申宗第四縱難受熏中有五。一一成六體過二多因一果過三五種無用過四勢等非次過五頓生六果過。又彼所說轉問也由此等申宗也。

述記十八卷十六左八

三喩恒轉中一沈浮兩趣閒喩二逢源波浪起喩三漂流內外物喩非佛何能止。

述記十八卷十七右六

有四薩婆多此中有四種類相位待異第三依作用立世最爲善如倶舍第二十卷。

述記十八卷二十四左五

破上座師等因果等義中有二一敘宗二正破敘宗中有三一總標二別顯三總結如是因果等下是別顯中有三一舉極速以明時二舉一體而成二三與二體而彰俱有正破中有七初總非而起徵二顯相違而破世三定有無而興問四縱滅有而返詰五序相違而體一六逐一異而理乖七總結申難意。

述記十九卷三右五

般若毀菩薩不令入滅定瑜伽說四八不成賴耶不退亦入豈不相違順此三說中八地不入第一師以

此爲證故不許取直往八地佛所訶故故迂會者名不退也。

述記十九卷六左七

第二明直往者名不退卽有二義。一云瑜伽爲正佛訶躭翫無勝利故非彼不入。又解經正。瑜伽依不退者成就而說。初已曾入後訶故不入。由自在故亦說不退入定其實不入。

述記十九卷十一左八

勸菩薩地少大廣行等名。解深密第三當瑜伽第七十八。云觀自在菩薩白佛言世尊是諸菩薩於諸地中所生煩惱當知何相何失何德善男子無染汙相。何以故是諸菩薩於初地中實於一切諸法法界已善通達由此因緣菩薩要知方起煩惱非爲不知是故說名無染汙相。於自身中不能生苦故無過失。菩薩生起如是煩惱於有情界能斷苦因是故彼有無量功德甚奇世尊無上菩提乃有如是大功德利令諸菩薩生起煩惱尚勝一切有情聲聞獨覺善根何況其餘無量功德。何故心通諸位則言隨義應說異熟亦通諸位不言隨義已別說捨何須更說。

述記十九卷
十六右六

依無相論同性經無垢識是自性識心則眞如理故知無垢通二種也。然本識有十八名頌曰無没本宅藏種無垢持緣顯現轉心依異識本生有。

述記二十卷二右十

無始時來界一切法等依由此有諸趣及涅槃證得。

無性攝論云無始時來者顯此識性初際無故界者因也則種子識是誰因種謂一切法等。所依者能任持故非因性故能任持義是所依義非因性義所依能依性各異故若不爾者界聲已了何假餘言。此二句意無始時來者顯此識性無初際通句也。一切法之界。謂與有漏法爲因緣與無漏法等爲所依。由一切法界故有諸趣。由等爲所依故有涅槃證得。與唯識第二復次少分相似。然稍差別。如文可知。

述記二十卷十三右六

由攝藏諸法一切種子識中有三解。一云此中但舉能藏名阿賴耶。非是藏義具。以對勝性明能藏故。二云此中三藏一切皆具。舉能攝藏顯所藏性雜染種子互爲緣故。由此持能內執爲我則執藏義。故具三藏。此上二解論長行中有此文說。第三義云據實賴耶。但以執藏。今據能藏有大自在似常一故別似於我顯爲我愛之所執藏義意正以所執藏故名阿賴耶。若以能藏解阿賴耶佛果應名。若以能藏所藏義解二乘無學八地以去應得此名。故唯執藏名阿賴耶。闕則非也。今舉能藏彰雜染藏。佛唯一能藏。二乘無學八地以去有二能所藏。以外有三藏。故以執藏名阿賴耶。

述記二十卷十四右八

論勝者我開示中論文唯據究竟證果而說故立正名。正名亦通地前等故。不定性者理在其中。地上地前隨應攝故。決定二乘生無色界信有第八得入滅

定明亦爲說。然非正故。究竟不能得大果故。此中簡之

述記二十卷十五右九

我於凡愚不開演者。無性解云。懷我見者不爲開示。恐彼分別計執爲我。何容彼類分別計執窮生死際。行相一類無段轉故。爲顯二乘定性凡夫俱生之見未除。不得爲說。恐增分別見故。非得聖者不爲說也。今難若以凡夫有俱生見不爲說。二乘已斷者亦應爲說。若爲不愚法者說。凡夫定性亦有不愚。何故不說。故知不爲凡夫正說。無性雖言懷我見者不爲開

示非盡理言。又此論言障生聖道。凡決定性可爾與無性同。非聖者身更障聖道故。又雖二乘聖者不爲說多分不愚法故。非同異生。此意不爲正說非不兼說。

述記二十卷 二十一左十

成大乘是佛語中論有十量。前四對中更加樂大乘許字簡。隨一不成。以至敎攝爲宗。故成四因。

述記二十卷 二十二右八

七因證中有七比量。顯揚第二十以十因說大乘言敎是佛所說。一先不起。卽此初因。二今不可知。卽此第二三多有所作四極重障故此中所無五非尋伺境故即此第三因六證大覺故即第五因中若有大乘因也七無第三乘過失故八此若無有應無一切智故即此第五中無有大乘因也九有對治故即此第六因十不應如言取意故即此第七因也此七因中一一更應思作比量

述記二十卷二十三左六

先不記中又有三量一云若大乘是佳自法內為廣壞正法說佛應先記無功用智佛恒有故如滅法事又恒正勤守正法故又知未來智無著礙故又有一

量云有法如前法云佛應先分別記別後時壞正法者所等起故如正法滅事幷驢披師子皮教

述記二十一
卷二左一

上座部師立九心輪一有分二能引發三見四等尋求五等貫徹六安立七勢用八返緣九有分心然實但有八心以周匝而言總說有九故成九心輪且如初受生時未能分別心但任運緣於境轉名有分心若有境至心欲緣時便生警覺名能引發其心既於此境上轉見照囑彼既見彼已便等尋求察其善惡既察彼已遂等貫徹識其善惡而安立心起語分別

說其善惡隨其善惡便有動作勢用心生動作既興將欲休廢遂復返緣前所作事既返緣已遂歸有分任運緣境名爲九心方成輪義。其中見心通於六識。餘唯意識。有分心通死生返緣心唯得死若離欲者死唯有分心既無我愛無所返緣不生顧戀未離欲者以返緣心而死有戀愛故若有境至則心可生若無異境恒住有分任運相續。然見與尋求前後不定。無性攝論第二卷云五識於法無所了知先說見心也復言見唯照矚卻結前心。

述記二十一
卷四左八

五欲非著處者生上二界亦起我識。

述記二十一
卷七右十

第一證中卽起心者文解所集種處起生法因故名爲心。破色不相應及心所中亦應有非染淨種所集起心。略無之也。

述記二十一
卷十四右四

許類是假不能持內法實種。前第一卷如堤塘等假遮實水此何不爾。暫息滅遮假定可爾。畢竟永持於理未可。若爾佛身別解脫戒等亦畢竟遮。何義不同。遮是息義可假。遮實持是任義故假不持。

述記二十一卷二十一左十

破清辨似比量宗有一分所別不成如論中道勝義亦有一分違宗之失不成如疏中解同喻如幻者依俗諦如幻有二徵如幻實事非緣生故能立不成如幻似事此宗非空所立不成依勝義諦彼此二宗一切法皆不可言非空非不空非緣生非不緣生何得以空華等為喻喻同喻亦有俱不成失名似比量

述記二十一卷十四右三

第二證中身器離心非有則八證中第五業果證

述記二十二卷一左四

趣生中言五趣者佛地論說以阿素落多諂詐故說爲非天。有諸經中開爲六趣實則天趣故五趣也。餘經亦說通鬼趣攝。隨順理故。或佛地論約多分義。實通二趣。如法華第一抄。

述記二十二
卷一右八

起無雜者界地可爾。如欲界五趣四生何者煩惱業果定屬此趣生。而言起雜如轉重令輕亦有惡趣果人六天中受人天亦起分別煩惱等。亦有惡趣受別報善業果如天人中龍象馬等福德鬼等皆無定屬今言起餘可名雜亂。今解不然。彼無定屬。唯第八識趣生一定不可轉受。轉受唯是別報等故。餘名雜。不知何趣何生類故。故若起之便名爲雜。第八不爾故名無雜。

述記二十二卷三左一

生得善及意識業果起無雜者。如生得善雖此欲界亦有定屬趣生名無雜。不爾唯意業果無雜。此相從名非實。無雜。此解爲正。通五趣得果故。意異熟者此師不許諸趣轉受。唯本處故。或多分故。亦有實異熟依異熟轉受故。意中業果是護法文。生得善者餘師義合之一處。然非準的實。

述記二十二
卷三右八

唯異熟心及彼心所名正趣生者問趣生之體爲一爲多。若是一者依六別實心及心所以立總一如瓶盆等趣生應假若許假者違上文故若實一者云何依多實法而立體一實耶若是多者應如一人六箇人趣六生所攝故爲大過此義應思。趣生是假經部師難依六根立命根命根應是趣生總一假故要依實法方可建立故不違上所依實故。後解爲正。或唯心王是趣生體心所相從實非趣生故唯是一。或同在一聚俱言無失。是實非假。應勘瑜伽假實。

述記二十二
卷五左一

正實趣生者。正者本識義趣生本故。餘別報五蘊依此相從名趣生。不爾應雜亂一趣起他趣故。此中唯取正感後業所招識等爲趣生體。

述記二十二
卷十五左二

必住散心非無心及定者。大小共同。摩訶摩耶經佛入滅定方入涅槃。與八十瑜伽同。此中文或分六一破經部。如睡無夢轉識無故。餘部不爾。六破薩婆多等三顯眞異熟。餘三文自顯。

述記二十二
卷十七左八

受生命終中六種轉識行相所緣有必可知者。薩婆多等說有意識行相可知。故今難之。云。如可知者。應如餘位分明可知。既不分明。明非意識。

述記二十二卷二十三右九

名色互爲緣。如心經贊。

述記二十二卷二十五右二

頞部曇。此云疱。漸稠如疱。閉尸云凝結。彼呼熟血亦言閉尸。鍵南此云厚。漸凝厚也。同五王經。鉢羅奢佉云具根。即五七日也。

述記二十三卷十一左二

四食證末云說爲有情依食住者皆依示現。中觀論破如來品云如來者亦名衆生。又智度論第三十卷云於二足四足等衆生等最爲尊勝等說爲有情皆是示現。又言於衆生中尊佛身何必則是衆生入城乞食等皆名依食住亦示現也。對法第五云一不淨依止住食謂欲界異生由具縛故。二淨不淨依止住食謂有學及色無色界異生有餘縛故。三清淨依止住食謂阿羅漢等解脫一切縛故。四示現依止住食謂諸佛及已證得大威德菩薩由唯示現食力住故。攝論第十亦同。唯示現食但說唯佛世尊實不受食亦不假食。彼約四食作論故不說菩薩異熟識食。彼非示現故。對法據三食作論恒無漏俱實無三食故稱示現實不相違。又此論據八地以去菩薩實是有情非是示現雖現三食亦不說之。佛示有情故不爲例。或偏依段食八地已往實不待資。問何故四食一入長養。餘三非四種長養。三非食耶。瑜伽自釋後難。前難如何。

述記二十三
卷十二右五

謂眼等識行相麤動起必勞慮等者。從三乘通義。據實八地已往菩薩無有漏心何必勞慮。

述記二十三
卷十二右六

滅定中成業論云心有二種。一集起心無量種子集起處故。二種種心所緣行相差別轉故滅定等位闕第二心故名無心。如一足牀闕餘足故亦名無足。

述記二十三
卷十三左八

破薩婆多滅定識不離身中有二。初敘計後正破。破中有五。一如想起滅難二壽不離身難三應非有情難四根壽無持難五經言無屬難。

述記二十三
卷十四左二

薩婆多言。受想前偏厭心行說言無識體非心行滅定故言有。若爾難言識體非心行滅定實無而言有。壽等非心行定內實無而言有故論云壽煖諸根應亦如識便成大過。

述記二十三
卷十五左九

破經部本計中有二初申四難後總結之。四難者一無因果不生。二無體非因義。三餘非受熏等。四以量成有識。第二由斯理趣下結也。

述記二十四
卷四右三

七段破有心所中第四段破救中有八。一以語同心行。二審定徧非徧行法以起後難此中有三一總標

二顯隨有無三結正三難思如受想亦應同滅四難信等亦無五受想例思應有六例觸應有七受例應然八想例同此

述記二十四
卷八左一

第七段破中有五一總非救二引經破例三結成義四例有受想五違敎失

述記二十四
卷九左七

難無心所中有五問答初難中有七一心同所無難二法隨徧行滅難三受非大地難四識非相應難五應無依緣難六如經有觸難七受等必俱難

述記二十四
卷十二右九

難滅定染無記心云餘染無記心必有心所故此中心必有心所宗也加之滅定位心文言方足不爾則有相符極成染無記心故因也如餘染無記心喻也因脫故字喻少如字餘皆文足應義讀取。

述記二十四
卷十五左六

第十證中以心爲本諸部總句有無爲染淨法皆心爲本。薩婆多等無爲由心顯有爲由心故起由心起染淨法勢用最強勝故說爲本也由此經說若心染淨有情染淨。經部師意雖亦如是然心受熏勝於根等以偏界故說心爲本。雖有爲之總句。並無爲之別句。因心而生謂色不相應由心爲同類俱有異熟因等方始生故諸心所法理雖亦然鄰近於心依心方住。此上二句別對薩婆多下二句對經部。如文可悉。疏中但敘大乘四釋此中總釋。然觀下文之意雙破彼部故說此釋。

述記二十四 卷十九左一

業果界地往還後起應無因。攝論第三云若有於此非等引地沒已生時依中有位意起染汙意識結生相續此染汙意識於中有中滅於母胎中識羯羅藍更相和合。若卽意識與彼和合。既和合已依止此識於母胎中有意識轉。若爾卽應有二意識於母胎中同時而轉。乃至廣說。

述記二十四卷
二十一左一

時分縣隔無緣義者。對薩婆多識位中色是異熟故名行緣識。一則刼數時縣遠。二則乖隔本無果識可名識支。云何名感識位中色。經部師未來世無而言感者。時分縣遠時久隔絕如何名感。又若言感名色位識名緣則隔識支。應說與名色爲緣非與識爲緣也。

述記二十四卷二十六左六

十證攝八證者此第二異熟是彼第六此第四執受是彼第一執受此第六生死心是彼第八命終此第九滅定是彼第七滅定此第十持種是彼第四種子。

述記二十五卷二右四

第一能變中何故第八心所例同心王言亦如是第二三能變不然但舉相應不言例同。

述記二十五卷四右八

恐此濫彼故於第七但立意名等者何故第六不但名意第七亦識也第七持業二義以彰識體第六依

主將他以明自。若第六標一意不言識者不能顯自。第七加識恐濫依主故第七但標意名恐此濫彼故第六加識顯依他故得名故。

述記二十五 卷九左八

何故四緣三名所依所緣緣體不名所依。勝者名依勢相親近所緣緣疏是故不立。因則可是依義則非。

述記二十六 卷五右二

俱有依中第二是安慧師義。彼見相分雖是所執體性都無。亦有似色之相如夢所見今時山河一切皆爾。故有藏識所變根境爲所依緣亦無失也。

述記二十六卷
二十一左八

依所依別中所依具四義者身根望四識闕於何義而非所依且義解云無決定義以依下身起上眼等故此亦不然下五識俱起上意識應非五依亦不定故又有解云闕有境義夫立有境者必同分根起有境用故彼同分根非是所依但是依攝由此身根必無與四同分有境設自身識未必俱起為四識依以說依用名為有境非依體故此亦不然論下文說雖有色界亦依色根而不定有非所依攝若許依用以名有境五根於八起識不起皆名有境以依體說不

除有境唯無決定若依用說亦應說言無有境義非一切時恆起識故或第七八非五六識定同分故由此今釋有其別義夫所仗託皆說爲依具四義者依中最勝立爲所依劣者不立且決定中何名決定非定俱有名爲決定決定有四一順取所緣決定下名同境二明了所緣決定下名分別三分位差別決定下名染淨四能起爲依決定下名根本其有境爲主亦各有四此四決定有境爲主亦隨有一種卽是決定有境爲主五根於五識有順取所緣決定有境爲主意識於五識有明了所緣決定有境爲主第七於

五識有分位差別決定有境爲主第八於五識有能起爲依決定有境爲主故此五識具四所依五根能順五識取所緣故意識能助五明了所緣故分別之言明了境義不爾定心應非五依七識能令五分位別第七究竟成無漏時五定無漏不爾有漏因七雖轉非究竟故第八於五種子能起現行爲依總說第八爲能起依準此等證故知隨具則得彼名若決定有境爲主唯但一種不通四者則應五識無四種根由此義言第七於六及第八識唯有分位差別決定有境爲主第八於六七唯有能起爲依決定有境爲

主。後四依義皆通前三。論之本意隨應疏出。所依之體既具三義。令所生果取自所緣。爲第四義。隨何前三俱具。即能令取自所緣故。此四義勝。皆隨三中能可具者。即名所依。餘者不立。於所生果非殊勝故。且色蘊中五根望餘五識及六七八。五塵法處色望一切識。不相應行及無爲望一切識非識種子望一切識。皆不具三。無前隨應三中義故。子細研究都無有故。一切心所隨望何識唯有決定有境四種隨應可具。唯無爲主。其諸種子望其自識可有分位差別決定爲主二義。唯無有境。其前五識自互相望及望六七八并六望七八一切皆無。無隨所應三中四義故。餘心心所一切現行色不相應望諸種子一切皆無。諸心所法望自種子闕無爲主。以有分位差別決定有境染淨同故。體是王臣。故無爲主亦無令果取自所緣。其八現識望自種子唯無令果取自所緣可有分位差別決定有境爲主義故。其中具闕隨義應知。已略疏牒後讀應審。然下文中五根望第八唯除定有不除餘者舉初所無例無後故。但舉無一則不成所依何假具述。

成唯識論掌中樞要卷五

成唯識論掌中樞要卷六

唐京兆大慈恩寺沙門窺基撰

述記二十六卷二十九左五

識種不能現取自境可有依義者疏中有二義。一云前師識種許依本識本識具三義可與種爲所依。種果不能現取自境果無自所緣故。異熟識與彼爲依非所依也。故說種有依不說有所依。又解此解識種不能與現行爲所依。可有分位差別決定爲主無有境故。可有識依義而非識所依。上來分位差別卽染淨依。別與爲名名分位差別。身根望四識四義皆無故無過失。

述記二十七
卷三左五

疏中二解。法華論中五種法師六千功德。凡夫未得無漏五根中亦言得互用。有二解。一諸根互用。

述記二十七
卷八右十

第三等無間緣依中又異熟心依染汙意天親解是第七者論文但言煩惱俱行意無性亦云或有說言與四煩惱相應心名染汙意識故知天親說爲第七。又言此緣未來爲境非必第七與無性同。若如疏解說爲第七者何故世親說爲第七無性說爲第六。天親以第六相顯略而不論第七相隱亦能助潤故明依之無性據緣當有爲境非第七力故隱不說唯說第六各據一義亦不相違又無性第三亦同天親說爲第七如前俱有依中已引之訖

述記二十七卷十二右五

謂假縱小乘色心前後有等無間者則攝論第三卷上座中經部執色心展轉前爲後種今難卽阿羅漢後心不成無性云是故色心前後相生但應容有等無間緣無因緣故

述記二十七卷二十四右五

何故第七緣彼卽有四說正義緣見分依彼唯有現種二師以依現爲正仍不別說四分依何今解依自體有勝力故見分有作受之用所以緣之不離體故總名緣彼又解依三分總有力故唯緣見分唯作受故或所緣見者是能緣義卽依緣同三分並名見所以論云恆與諸法爲所依故

述記二十八卷 二十三左一

說六隨徧中云無掉舉者此相違故者問掉惛相違不許俱起定亂相返應不並生答彼不違故俱起此相返遂別生問二三二行相各各相違如何不等答流

蕩是散亂一行得定俱高下名惛掉故二行相返由行相別其體亦無是此師意。

述記二十八卷二十五右十

第三師中薩婆多貪恚慢唯鈍五見疑唯利癡通利鈍。今大乘見疑唯利四通利鈍。隨應許與見疑俱故。不得以見與貪等俱亦名爲鈍。無獨鈍故彼有獨鈍故由此貪等通迷理事疑唯迷理。仁王經云見五地斷疑事中猶預。阿羅漢疑蝙蝠亦爾。皆異熟生故法執類堅著卽執。

述記二十九卷三左六

此與初變有同不同頌說不說疏指如樞要者如十
卷中解。

述記二十九
卷四左六

平等性智唯捨受俱者。觀智是初定平等智初定攝
觀智喜樂俱平等智隨喜樂。有二解。一解得然。今說
者取至佛位唯捨一定。未自在隨觀智自在不然故。
若爾七識因捨俱淨由他喜樂。因中無尋伺果由他
引生。答。尋伺行相麤非由他引轉。亦因喜樂非一類
他引不隨生。故第二義。一切是捨。何故地同其受即
別。喜樂易脫故恒唯捨受。定不相違故從能引。若有

漏位能依通九地所依一地攝隨所生故若至佛位能依通九地所依唯第四定與淨第八相依相續無動搖故十地無漏能依所依俱定同地隨他引故未無動故此說法觀品非生觀品猶有漏故

述記二十九
卷七左九

末那繫中難云所緣一地繫能緣繫隨境所緣九地繫能緣繫通九如總緣我見等答現行爲境顯能緣隨彼繫種等境沈隱能緣繫不隨問現行相顯可緣起見種子相沈應不生見答境通隱顯種現俱境隨繫義顯不隨種繫又難能緣緣彼地能所一地繫境

爲能緣緣能所俱無覆答性據類殊能所別性繫據縛義不可別繫問第七緣彼現能所一界攝八緣三界種應隨三界繫七八互相增能所一界繫八境不互增見境各別繫又八爲彼業招不隨境界繫七非業所感隨境一地繫

述記二十九 卷九左六

阿羅漢永斷染末那中唯說畢竟斷染名捨不說畢竟伏名捨故不說直往不退菩薩亦捨第八四人相違以心從境實亦應捨種非永無故略不說其實亦捨則是聖道捨門攝故更不論說又八地已去法執

在故末那不得捨名。賴耶據煩惱得名八地等名捨。
不相違也。

述記二十九
卷九右六

問。煩惱縛三乘所執名爲藏。法執縛菩薩所執立藏
名。答。縛有二一縛處生死二縛不得種智。由此得藏
名非是菩薩。

述記二十九
卷十四右一

護法立末那通法執諍中有十。一違經失二違量失
三違瑜伽失四違顯揚失五七八相例失六四智不
齊失七第八無依失八二執不均失九五六不同失

十總結會。或總分三。一立理引證二總結三會違。初中有九即前九是。是故定有下結。言彼無者下會違

述記二十九
卷十七右二

恆起法執。量云。法執未證法空位應恆行二執隨一攝故如生執。

述記二十九
卷十八左六

所立宗因俱有失。如疏各有二過。又因有自法自相相違。以無學聖道意爲同法故同品定有可成害於宗法故成法自相相違。

述記二十九
卷十九右九

差別三中以心對境境有三位。謂我愛執藏位等。心亦應三。一補特伽羅執位名染末那。二法執位名不染末那。三思量位但名末那。與前三境相應不寬不狹。今第三說平智不說思量位者。今顯第七有二位別。一有漏。二無漏。無漏無別有漏位中有染不染。復分爲三。又前三位心境雖相應而境中無垢不別明顯。今對彼境雖寬狹不同無漏義等。故說平智不說末那。謂準本識名亦應有四。此加思量對彼執持故。彼若但說異熟無垢二名。此但名無覆平等智彼但名執持此亦但名末那俱染淨故。今此說別。故有三名。

見道全生平等智者疏中但有一心見道解說三心

述記二十九卷　二十二左十

見道後二心有此智初一心無多分有故故論總說非於其中唯起平等智又長讀論文見道法空智起方有平等智不但修道。

述記二十九卷　二十二右六

問頗有菩薩無分別智入法觀意樂即入後得生觀耶頗有無分別智入生觀意樂即入後智法觀耶答曰不得菩薩後得必由無分別智爲前導故佛地論

云等流之觀與根本觀同故。問。若爾何故言違等流卽得近卽不得。答。近勢難入違卽易入故。又解總無後得入別觀。必各更起無分別智引之生故。問。初起未自在後得由前引。久起自在生何妨自力轉。答曰。卽依此義遂有意樂後得不同無分別智二觀別也。佛地論及此論中據其多分及未自在故。

述記二十九卷二十三左十

平等性智無分別妙觀智引卽緣眞如若妙觀智相見道引平等智卽緣似眞如相妙觀入生空自不成平等唯緣第八此相可知若第六識入法觀位聽聞

正法等入別遊觀心平等性智緣何境界不可緣如及緣第八。六非此行故若緣外緣聽聞正法等及緣三惡趣等者因中已有此行相耶。若其不緣何故緣似眞如等即許他引此不許隨他引耶。

述記二十九卷
二十八左七

所知障中縱不善不覆二乘名無覆。障菩薩名有覆。又解不善心中亦唯無記與煩惱障不相違也。問智障不障於二乘即名無覆。惑障不障菩薩應名無覆。答聲聞唯求一果智障故名無覆。菩薩雙求二果惑障故非無覆。問智障障菩薩即唯名有覆。惑障障三乘應非是不善。答。智障唯障眞見但名有覆惑障令處生死故通不善又自損損他故。

述記三十卷三左十

瑜伽第十六引經云染汙意恒時諸惑俱生滅若解脫諸惑非先亦非後彼自釋云。非先者與諸煩惱恒俱生故。非後者卽與後惑俱時滅故。

述記三十卷十一左二

不共無明有二。一與根本俱恒行一切分餘識所無名不共。二不與根本俱名不共。然復有二。一與小中大隨煩惱俱不與根本惑俱名不共。二不與小隨惑及根本俱與中大隨俱名不共隨其所應後二亦通上界然與相應多少上下界別然爲三句一唯見斷謂獨行四諦下者二唯修斷謂第七識者三通見修謂忿等相應。

述記三十卷十七右六

第三難中已滅依此假立意名何故不依現名心識但似意耶意有二義一依止二思量七二義具餘唯依止過去依止似七故思量亦似第七名意不似心識名心識問已滅爲依等思量亦名似六八現爲依似七有思量應皆得名意據實餘識皆得意名已滅

似七識現故但說之爲意。

述記三十卷二十三左七

末那爲識縛之本。今觀此意若緣縛體唯據煩惱障若相縛體據法執說。故此滅已相縛解脫。此若有時所起施等不能亡相。若依煩惱說有相縛阿羅漢身應無有相。以依緣縛說名藏時無時名捨藏不名捨相縛。無法執時名捨相縛。若爾生空智與法執俱應稱相縛。由是總顯相應所緣之縛通三乘斷。相縛者唯菩薩斷。若由法執即二乘生空觀亦應有相縛。又論但云染汙末那爲識依止彼未滅時相了別縛不得解脫故。但由生執成了別縛。是故但應如疏中解。由有末那施等不亡相。即非七義中無相智所攝受。云何見道前及地上有漏施等成施等度耶。今顯異無漏其相不亡。其無相智所攝受謂無第六識中執名無相智。非第七識執也。不爾便無波羅蜜義。

述記三十卷二十三右五

又有縛見名相縛。見縛相名。見縛見不明證不自在故由相縛。相無能證自在力。如何說見縛於相。不爾如何所取能取纏。

述記三十卷二十四右九

下文雖由煩惱引施等業而不俱起非有漏正因。即顯緣縛等非有漏正體。六十五說現量所行有所緣縛其淸淨色不相應善及一分無記心心所非有所緣縛但由隨眠名有漏與煩惱種俱者此依別義亦不相違等。廣說太精應取彼會。即顯五境有所緣縛餘根心等即無是義。但顯與此表有漏但言相順。然與五十九斷二縛義相違。由此所緣縛有二。一親唯現量所行。二疏即淨色等展轉心境互相增故言淨色善心一分無記等非有所緣縛者據親相分非故此論下第八等說二縛斷等者依疏義說。不爾便與二論相違更勘和會。

述記三十卷二十六左十

旣言雖由煩惱引施等業而非正因我能行施明但相縛非有漏因。如斷緣縛雖斷見道及修前八以未全盡不名爲斷。有漏應然如緣一色五識及意二所緣縛並以第七識與漏俱言要至金剛方可斷盡此如修道初品所斷雖亦爲後八品惑縛然得名斷。以自力強故。有漏亦爾緣縛相應二力增上故說未斷第七亦名爲斷。若爾。何故前二旣勝何故不爲有漏正因而取漏俱。或復縛據二一縛有漏據漏俱。斷依二縛故可說斷不約漏俱說斷亦不相違。

無始法爾種子不曾現起與第七俱云何得成有漏。

述記三十卷
二十七左一

不要現行與第七俱方名有漏若種若現無始皆與第七惑俱互相增益相隨順故並成有漏非無漏種亦能相順。又言法爾不要七俱。非法爾者必俱增益。然六十五等有漏無漏義等如下第八卷釋。

述記三十一
卷六右七

隨境立名依五色根未自在等者。問。一境多識取果位但隨根。一根取多境不可隨根稱。答。一識境成多不可隨境稱所依根但一隨根立識名。此義應思。太難。

述記三十一
卷六右八

諸根互用者有二異說第一師云實能緣諸境於中有二義。一義云二一識體轉用成多非轉法體故非受等亦成想等取像之用一切無遮不可難以大種爲造彼轉體故。如第八緣五塵亦得自相不可難言壞根不壞境等。二義云恐壞法相但取自境皆自實境所取他境皆是假境以識用廣非得餘自相恐眼耳根得三塵時若至能取壞根不壞境若不至能取壞境不壞根。餘三根取色聲亦爾。皆有此過故。第二師解云。一一根處徧有諸根。各自起用。非以一根得一切境。以諸根用各徧一切。故名互用。不爾便成壞法相故。心王亦應有心所用而取別相等。

述記三十一
卷八左四

三業化者。身化爲三。一現神通化。謂現種種工巧等處摧伏諸伎慠慢眾生。即是悲慧平等運道。如現神通度迦葉等。二現受生化。謂往彼處示同類生而居尊位。攝伏一切異類眾生。三現業果化。謂示領受本事本生難修諸行。如毗濕飯怛羅等一切本生事名本生事依此本生先所修行種種苦行名難修行或於今世依變化身先修苦行後捨彼行修處中行方得菩提名難修行。如說如來迦葉佛世作是罵言何處沙門剃鬚髮者有大菩提無上菩提極難得故由此惡業今受苦果此爲止行惡行現化所作。語化亦三。一慶慰語化謂所宣暢種種隨樂文義巧妙小智衆生初聞當信。二方便語化謂立學處毀諸放逸讚不放逸又復建立隨信解人隨法行等。三辨揚語化。謂斷衆生無量疑惑意化有四。一決擇意化謂決擇彼八萬四千心行差別。如疏中解賢劫經第二卷中喜王菩薩宴坐思惟等。二造作意化。謂觀衆生所行之行與不行若得若失爲令取捨造作對治。三發起意化。謂爲欲說彼對治故顯彼所樂名句字身。四領受意化則依四記等四記有二一八四記二法四記。如別卷抄。

述記三十一卷九右一

所依頌曰五四六有二七八一俱依及開導因緣一一皆增二。五四者五識各有四依。一順取依二明了依三分位依四依起依。六有二者第六意識有二所依。一分位二依起。七八一者七八二識各有一依七有一謂依起八有一謂分位俱依者顯上所明俱有依攝開導者即等無閒依因緣者即種子依及者顯此諸識更加二依一一皆增二謂五有六第六有四七八各三如前第四卷說

述記三十一
卷九右三

所緣頌曰因見各隨應五三六有二六一一不定自在等分別因者簡自在位見者於因中取見分除自證分等各者顯別別界隨應者顯能緣識非決定故隨其所應諸識緣故五三者色等五界三識所緣一五識二一第六三第八第八者意界攝六有二一者謂眼

等五界六八二識所取意界通爲六七所取瑜伽等說第七八識意界攝故六一者謂眼等六識界唯一意識緣第七八識不名意識界故二不定者即法界若非爲他定通等力所引唯意識緣若爲他引五八六識俱能引之於中復有異生二乘菩薩所引各有差別自在分別者謂或初地或八地如來位各有差別一一爲他八識緣也等分別者謂若因中法界心所幷自證分證自證分於七心界中處處加自及果上十八界爲七心界及法界所了如理應知。

述記三十一
卷十八左一

從定起者瑜伽抄解。一起耳識名起者二起定心與耳識緣聲名起者三出定者名起者。初續前位故此等廣如佛地第六。

述記三十一
卷二十右一

菩薩後智中起五識亦等引位起雜集言據二乘少異生全故。

述記三十二
卷一右三

恆依心起等解心所者要具三義名爲心所無所簡別。餘如疏說。

述記三十二
卷二右五

心心所總別相應說無爲緣總有爲緣別。有爲緣中有本質緣別無本質境亦別。相者義也。非體非相。

述記三十二
卷九左一

從根名意及其名受乃名心受。今解名據近依故名意識受對於色故標心名若不對時可名意受。然無此文。其七八二識以對身故可名心受。又受從相應心名心。第六但從所依七故名意。心通六七八故。五受分二謂身及心。論文但以別唯義解如對法第一抄。何故第六名識三受之中何故但說苦樂爲名不標憂喜以苦對樂俱通三性以憂對喜理則不然以

寬攝狹但名苦樂。又苦與樂行相猛利以明攝暗憂
喜不等。又苦與樂皆是異熟並有異熟憂之與喜不
能具足。又具果因攝不具故。又有異釋以苦對樂俱
通六識以憂對喜唯在意中。又說苦樂厭欣行增憂
喜不然故標苦樂。又苦對樂俱通無學以憂對喜離
欲便除故說苦樂。又以苦對樂俱上地捨以憂對喜
皆先下地除故說苦樂。三受分二謂身及心論文但
以別唯釋之依五根受隨根各別何因總以身受爲
名。答由此五根體皆色故。若爾眼等應並名身。答自
體生識相狀異故。若由相異不並名身隨別受生應

非身受。答。由眼等四不離於身皆從所依總名身受。意根亦爾。若不離身並應名身不名心受。答。一界眼等並不離身。無色意根離色而轉如何建立身受非心。體相既殊故分二種。

述記三十二卷十右六

五識任運貪癡是無記。勘緣起經。

述記三十二卷十一左八

論中不通一切識身者意地一切根相應者。既說根言如何可證意有苦根。答。前說俱生一切煩惱皆於三受現行可得故知根者卽是苦根。憂根定非無記性故。又設憂根雖通與並唯身見不然。故地獄中意有若根而與俱故。約五根故。憂雖無誠證。今以理釋說憂通無記。竟有何辜。悔必憂俱。彼既無記。何妨定然。瑜伽論言非無記者。隨轉理故。由此二釋互有長短。任情取捨。三性三受俱不俱義。勘五十一抄。

述記三十二
卷十三右七

問。何故第三定近分根本同為樂根。初二定中有喜有樂。方便唯喜而無有樂。不同第三二俱相似。答。三定俱尤重無分別故。本因俱是樂。初二方便不怡根。唯同根本說有喜。問。三定方便引根本。即言二地俱怡勝同樂下地方便引根本亦應俱稱怡五根答方便根本怡差別三定無分別故方便根本俱稱樂下地方便根本有差別俱有分別並稱喜根本下二定中不以無分別故名樂但以悅根名樂問亦應第三定不以無分別亦應悅心名喜答下有分別怡根名樂上無分別悅心名樂此義應思

述記三十二
卷十六左六

問如苦極故意有苦根地獄之根人中週受如賢愚經第十二卷說鴦掘摩羅人中得阿羅漢果已被火燒殺彼極苦根人中有不有解地獄人中唯受四處

或五處不受六識果唯識十證中云意中業果雖起無雜而有間斷卽說不於餘趣受故準此一文唯迴受四處或五處果五根六識並不得又解論據非懺悔及入聖者趣生無雜從多分故非迴受者故六識並可通迴受六識之中皆受苦故問此護法論師憂苦種子爲同爲異設爾何失問若言同者何故地獄苦根不亦名憂若別者何故初二定名喜亦樂地獄憂苦不許二名若一苦根亦名憂者三根不成復爲自害第三卽是憂根不成故令憂苦二根種子定別俱行逼迫由無分別有分別故喜樂二一根或同或異

如無分別智及後所得四地已前各別種生五地已上或同或異二種生一現一種生二現亦無過失現行之中無二慧故行不相違一念俱說喜樂亦爾故不同憂苦。問。安慧師憂苦種子亦爾何故地獄憂根不亦名苦如下二定喜。何故憂極不名爲苦如第三定樂。答。憂苦行增二不俱說喜樂不違故一念生。

述記二十二
卷十六右六

問。何故義等順異於違苦極非意違乖於順樂極在心由有分別無分別故此師地獄許起分別煩惱故。前師不然此義應思極難解也。

述記三十二
卷十七左七

善等三性六識爲違因等起刹那等起分別四無記等幾有三業異熟心等能發業不非業果心定得發業及隨轉業果者雖未見文理實難判餘者得其初起苦樂受如善不善共難故必由染淨心引方隨等流離欲苦根既無憂引如何初起善惡性隔難初生隨意性苦樂非性別捨引即隨生。

述記三十二
卷十七右四

地獄八根現行種子定俱成成就命根既種如何現成。

答一　總說八言成何必命有現亦識中種可爲命體

者名種現能爲根者名現。又體是種用爲根者名現。又能持名種所持名現。

述記三十三

卷六右五

解欲中第一師云可厭事卽無欲其無漏心有無欲時無漏第七緣因第八亦應無欲。故此理非。若第二師若有求希資具什物欲不稼等豈無欲耶。故並非正。

述記三十四

卷二左三

信中忍樂欲別於三境中隨增義說。後二唯善亦唯樂欲爲名初通染淨故標忍號。其實於滅道亦樂欲故於後二亦忍可故。

述記三十四
卷三左十

有能中謂於一切世出世善深信有力能得能成對法但云謂我有力能得能成。若準此解其信二善能得無爲能成覺者即信實有。信有用故。或信德攝法中攝故。今又解云。信此二善能得涅槃能成大覺等是信有能。有功能故。

述記三十四
卷十七右五

被甲加行等論既自釋有勢等句無文解釋。勢謂威勢。勤謂策勵。勇謂勇銳。堅猛謂固進。不捨善軛謂承不屈及不止。

善法立少染法立多者染法曾熏時長法廣故多說

述記三十五 卷六右八

之善法起少時促法略故少說之若在佛位由因廣故果善無邊欲令聞者歡喜希求所以多說。

述記三十五 卷十六右四

善法修斷及不斷中應敘六十五緣縛之義及五十九二斷之義至下第八當廣分別威儀工巧變化既通善性善中具幾各應思之。

述記三十六 卷九左八

薩迦耶見二十句六十五中準前計我略有三種。一者即蘊二者離蘊三者與蘊不即不離此句但是初即蘊計無後二計離蘊總說而為一我蘊別有三如是我所有十五句旣說與蘊不即不離不可定說蘊為我所故無諸句然準瑜伽第六及六十四離蘊有三。一者異蘊住在蘊中。二者異蘊住離蘊法中。三者異蘊非住蘊中非異蘊中一切蘊法都不相應如是三種皆有十五我所合成四十五句我所幷我總有四十八句。說所行相各有起處緣為緣歷依起所緣。三義皆得若緣處者不分別處又有四十八。若分別者一處有三十三我所。一我合三十四十二介三十四合四百八十二介。我見三百九十六我所見十八。界等隨應當知。

述記三十六卷
二十三右六

瑜伽第八說有七倒謂想倒見倒心倒及淨樂我常彼四妄想分別是想倒於彼妄想所分別中忍可欲樂建立執著是見倒於所執著貪等煩惱名心倒煩惱有三。一倒根本謂無明。二倒自性謂薩迦耶見邊執見一分見戒取及貪。三倒等流謂耶見及邊執見一分恚慢及疑。薩迦耶見是無我我倒邊見一分是無常常倒見取是不淨淨倒戒取是於苦樂倒貪通二種通情樂二倒故一會如疏又解此隨順門故二取收不說見戒有所依緣及二義不具非二取攝若單緣見及俱緣同時五蘊並前後伴類爲勝能淨是見取若單緣俱時及前後五蘊幷一切法爲勝能淨或勝非淨或能淨非勝幷緣見及俱緣同時五蘊爲勝非能淨爲能淨非勝皆非見取戒取亦爾若緣見增隨順戒劣亦名見取戒增隨順見劣亦名戒取若緣二俱增行相亦俱增者必非二取二取不相應故但是法執染慧非二見攝二見攝者必推求深行相

獨勝故。不作如前等解。便違此及瑜伽等文。二義不具。設二義具非見戒者非名所目故非二取。

述記三十七
卷六右一

貪瞋癡俱生與五受俱者瑜伽五十九說俱生通一切識身者與一切根相應故。其分別者。瑜伽論貪會違緣憂苦俱瞋遇順境喜樂俱。今此文通一切不遮俱生分別。二引皆同應廣如彼

述記三十七
卷七右四

慢有二種。一高舉二卑下。高舉有三。一稱量二解了三利養。以卑下慢與憂相應高舉不爾故前所說不

與身耶一分俱此與憂俱據卑下說亦不相違。

述記三十七 卷八左六

三惡趣極苦處不造往惡趣業無分別惑故可造人天業耶。答。不障但言無分別煩惱不說無人天業故。

若自不起不共無明如何造人天業故亦不造此論總報。別報可造善惡俱得。

述記三十七 卷八右二

正義若地獄無分別煩惱應無因力斷善者死時續等。解云。勢力不生非因耶見。五十九云於利養等他引猶預疑與憂相應於惡趣等他引猶預喜根相應。

邪見先作妙行憂根相應先作惡行善根相應二取隨境故四受俱五十九中但依欲界疑邪見等說此通一切地故與樂相應。

述記三十七 卷十三左十

要得根本定煩惱方起有依未至斷欲九品已不得根本命終此八以何現行潤生有解無此必得方命終故如第七生預流無命終不得應果者必得根本定方命終有解亦有唯以隨眠潤生如見諦以隨眠亦有現行潤故此亦應爾。

述記三十七 卷十四左八

伏修不伏見見惑既不善何不感惡趣而生上界耶若以勢力不行何不名伏今以義解由勢不行不能發業設使有者輕而不重非決定業不感欲界生若正六行所厭名爲伏故不爾便退煩惱強故定力勢劣弱故以無修伴弱故不能

述記三十七
卷十五右一

生在下地起無色界幾煩惱唯起於六或七謂見取慢疑愛癡及我見若定若生不過爾故文可起彼戒取執彼定爲勝因故無起彼邪見及邊見文不同色界有六十二見等故生欲起色界定五散中謂身邊

慢愛疑。二取不見起邪見之相。二無因論亦是定後起彼邪見九皆容起。并起戒取執彼定爲勝因故然無此文。

述記三十七
卷十七左九

生無色界除下潤生我貪慢二見癡餘更不得起彼無中有可說起謗等故。生無色界唯起下俱生無起分別相無中有起謗故。

述記三十七
卷十七右三

六十二初文說五種愛緣上者謂或證得等至出已計爲淸淨可欣可樂可愛可意隨念愛味或未證得

或已證得未來愛味增上力故追求欣樂而生愛味。或已證得計爲淸淨可欣乃至廣說現行愛味若從定出可生愛味若正在定無有愛味愛味者謂於是中徧生貪著。後文說二種謂未得定者有染汙謂希上生深生愛著。不染汙愛緣上定者謂方求離欲生。廣如六十二說。

述記三十七　卷二十左五

我見別緣不緣他地者修道我見有二行相。一總緣得他地。二別緣不得見斷我見亦有二類。一見爲他我則得。二計爲自內我即不得。今說不得隨義應知。

或無分别我見緣他地者。梵王常等卽定我見故。下上相緣中下地緣上二界皆同。無文遮故。上緣下中無色界中無別緣慢。總緣亦有。慢餘如前皆有。見戒二取理定不得。除總緣行相無無別體故。

述記三十七卷二十九右八

一切有事無事煩惱不過三種。一 諸見所緣本是無事餘是有事。因此見行相本無決定餘不定故當對法第七。二行相深迷無我名緣無事餘名有事。所謂行相深境必迷無我故餘必不定。五十九云見慢名無事貪恚名有事無明疑通二種。對法第五同。三見道所緣名緣無事修名有事見道諸惑分別猛利多橫執故修道少故瑜伽云見所斷名緣無事餘名有事除緣現在無為有體法緣過未鏡像等名緣無事所餘名緣有事本境有故對法云非有所緣謂顛倒心心所及緣過未等餘名有事本質或無名緣無事餘必有名緣有事五十九云無事緣謂無事煩惱有事緣謂有事煩惱與唯識同今觀此義初二門一本體有名有事二無質影像中無體用名無事影像中有決定執名無事但五見不定名有事癡愛慢雖亦有執不決定故二執者名無事不執名緣有事故見

慢愛等此名無事。餘名有事。三朋屬見道名無事修道名有事。隨前諸文據實有無事二門即盡。一本質影像。二影像。影像之內有體無體。如緣過未等名無事現在有體法及無爲名緣有事。然於中義別更分三種。一決定不定二執不執三朋屬見修道法。即五重中前三重是。

述記三十八
卷三右八

覆自罪爲覆。覆他爲覆非也。如比丘尼覆他麤罪亦名覆。菩薩說他罪爲罪爲福。憂惱俱生勢伏可除。善者及分別煩惱世間離欲。汝何心故惡心皆覆。此中且說自覆無惡心皆善。云性不行勢分力故。

述記三十八卷十五左五

如大論第十一五蓋中說惛沈睡眠二別相太好。

述記三十八卷三十右五

隨煩惱中諂誑覆等癡分者亦非瞋俱者依多麤相說據實亦俱如瞋故誑他行諂覆自罪者理亦應然。相細隱故論略不說餘解如疏。

述記三十八卷三十四右一

隨煩惱中忿等隨所依緣總別惑力皆通四部有依少諦緣多諦有依多諦緣少諦有依多緣多有依少

緣少後二行相可知初二是何諦攝爲從所依判諦爲從所緣俱不定故由此應言所緣卽所依緣謂緣藉故非所緣境境不定故有義所依卽所緣境也以所緣境爲所依仗依從所緣判諦依不定故有義依與緣別如疏中解若依初二解初二句無妨若依第三解初二句云何有解必無此者有解隨增屬諦依增緣弱鄰近引故屬依緣增依弱屬緣疏遠引故

述記三十八卷三十五右九

諸本隨攝幾異熟生通威儀工巧

成唯識論掌中樞要卷六

成唯識論掌中樞要卷七

唐京兆大慈恩寺沙門窺基撰

述記三十九
卷八右十

尋伺本末頌曰。體境行等起差別及決擇行觸引相應求業名流轉瑜伽第五尋伺以七門分別。一體性二所緣三行相四等起五差別六決擇七流轉。一體性者。不深推度思爲體性若深推度慧爲體性。二所緣者。以名句文身義爲所緣。三行相者。尋求行是尋伺察行是伺。四等起者。謂發語言。五差別者。謂七分別。六決擇者。若尋伺即分別耶等若尋伺皆分別有分別非尋伺謂望出世道所餘一切三界心心所法。七流轉者五趣之處皆爲六問。如那落迦尋伺何等行何所觸何所引何相應何所求何業轉。乃至初靜慮尋伺爲問亦爾。且地獄中戚行轉觸非愛境引發於苦與憂相應常求解脫嬈心業轉一向苦受。餓鬼亦爾。傍生人趣大力餓鬼多分戚行少分欣行多觸非愛少觸愛境多分引苦少分引樂多憂相應少喜相應多分求脫苦少分求遇樂嬈心業轉。欲界天尋伺多分欣行少分戚行多觸可愛少觸非愛多引樂少引苦多喜相應少憂相應多分求遇樂少分求脫苦嬈心業轉。初靜慮地一向欣行一向觸可愛境一向引樂一向喜俱唯求不離樂不嬈心業轉。

述記三十九
卷十四左九

依於尋伺有染離染立三地別不依彼種現起有無等者。瑜伽釋略有三解。有義三地就二前後相應建立謂欲界地及初靜慮麤心心所前後相續可有尋伺其相應故名有尋有伺地。靜慮中間麤心心所前後相續定無有尋唯可有伺其相應故名無尋唯伺地第二靜慮以上諸地諸心心所前後相續決定不與尋伺相應名無尋無伺地。若欲界地及初靜慮靜慮中間細心心所不與尋伺共相應者及一切色不相應行諸無爲法不與尋伺共相應故亦皆說名無尋無伺地。故後論言有尋有伺地無尋唯伺地一向是有心地。無心睡眠無心悶絕無想定無想生滅盡定及無餘依涅槃界並名無心地。有義此三就二離欲分位建立。謂欲界地及初靜慮諸法假者於尋及伺並未離欲名有尋有伺地。靜慮中間諸法假者尋已離欲伺未離欲名無尋唯伺地第二靜慮已上諸地諸法假者於尋及伺並已離欲名無尋無伺地。若在下地並已離欲亦得說名無尋無伺地。故後瑜伽第四言此中由離尋伺欲故說名無尋無伺地不由不現行故。所以者何未離欲界欲者由教導作意差別故於一時閒亦有無尋無伺意現行。已離尋伺欲者亦有尋伺現行如出彼定及生彼地。如實義者此三但就界地建立。謂欲界地及初靜慮有漏無漏諸法於中尋伺俱可得故名第一地靜慮中閒有漏無漏諸法於中無尋唯有伺故名第二地。第二靜慮已上諸地有漏無漏諸法於中尋伺俱無有故名第三地。故瑜伽第四言此中欲界及初靜慮若定若生名有尋有伺地靜慮中閒若定若生名無尋唯伺地第二靜慮已上色界無色界全名無尋無伺地無漏有爲初靜慮定亦名有尋有伺地依尋伺處法緣眞如爲境入此定故不由分別現行故餘如前說若就相應及就離欲建立三地攝法不盡亦大雜亂雖言有尋有伺等地唯是有心此就一門麤相辨地於此門中唯說第二靜慮已上無尋無伺地中無想定無想生滅盡定名無心地餘一切位名有心地後有四門復異建立如後當說雖言此中由離尋伺欲故說名無尋無伺地然唯說彼第二靜慮已上諸地必定已離尋伺欲故不言已離尋伺欲者下地諸法亦得說

名無尋無伺。若如是者未離下地尋伺欲者上地諸法亦應說名有尋伺等如是建立成大雜亂。是故此三唯就界地上下建立。今觀此意依染離染非釋有尋有伺無尋唯伺地但釋無尋無伺地。即此論文便非盡理。云何可言依有染無染立三地別。身在下界成三地染應名三地。已隨所離應非彼地故。今應問此第三師解界地何由得成差別。由有地法麤細異故。彼麤細異如何得成。必依有染繫法別故無漏離染依此地法亦殊。已斷是此有染種類故彼地攝。言有染者有現行染。故身在下雖成三界種子有染不名三地言離染者據生上義即非前地不言已離此染即非此地故唯識文正不同瑜伽瑜伽但依第二禪以上爲論如前第三師會又解此中言有染者有彼現行染離染者即無漏等隨所離染地即前有染之地今離故名離染隨此有染離染二種有殊地界法異皆隨所應二種皆是彼地所攝不說有染是彼地離染即非故文無妨不同瑜伽瑜伽但說第三地故由此眞智亦屬三地依尋伺處法緣眞如爲境入此定故不由分別現行以諸無漏性離染法依彼地法尚即彼地況已離染三地有漏法而非三地故文

正義。不爾便爲不正義也。

述記三十九
卷十五左四

五十六云。問。生第二定或生上地若有尋有伺眼等識現在前云何此地無尋無伺。若不現前云何於彼有色諸根而能領受彼地境界。答。由有尋有伺諸識種子隨逐無尋無伺三摩地故。從彼起已此得現前。乃至廣說。

述記三十九
卷十五左五

三七分別。今以十門分別。一出體二行相三釋名四廢立五八識所攝六有無漏七三世所緣八與十散動十分別相攝九斷位十問答分別。

述記三十九卷十五右十

十五不共業頌曰。分別審所緣醉狂夢覺悶醒發業離欲退斷續生死。瑜伽第一說意識十五種不共業。一分別所緣卽七分別。二審慮所緣謂如理不如理及俱非所引。三醉四狂五夢六覺七悶八醒九能發身語業十離欲十一離欲退十二斷善十三續善十四生十五死。

述記三十九卷二十七左九

悔離欲捨者。法華經第二舍利子云我從昔來終日竟夜每自尅責而今從佛聞所未聞未曾有法斷諸疑悔。悔者是法疑悔非煩惱也。

述記三十九卷二十七右四

法華第二舍利弗云而今從佛聞所未聞未曾有法斷諸疑悔彼偈又云我已得漏盡聞亦除憂惱疑悔即惡作厭也。慧俱無貪疑即是疑。疑不作佛。憂即是悔。悔先惡故悔即是疑。

述記三十九卷二十九右四

此中正思惟若體是尋通無漏者何故五十七二十二根中五根不攝三十七中六法謂語業命喜安捨

故正思惟別卽慧根此師以因果通論故體卽慧。前師此可爲正故尋非無漏以尋名說之如三界適悅名樂。瑜伽第四云若無漏界有爲定所攝初靜慮亦名有尋有伺依尋伺處法緣眞如爲境入此定故不由分別現行故故知尋伺引無漏。無漏引中兩解皆得。若言尋伺必是分別而不定說唯屬第三故通無漏。何不對分別四句分別以互有寬狹故。

述記三十九卷三十一左七

五十六說身行有三謂出入息及身業語行亦三謂尋伺及語業。正思惟與語爲因故尋通無漏。五十七五根不攝三十七品中六語業命喜安捨。不說不攝正思惟即是慧故。此云何通。瑜伽五十六說身行有三謂入出息及身業語行亦三謂尋伺及語業意行亦三謂受想及意業故佛無尋伺何妨語轉。業不無故。第四禪中二息等既無其身得住二定處應無尋伺及語業故語應亦轉徧非徧行故如前已說。身業唯染不可為例。又論且舉身業染者論實亦有無漏善法。不爾佛身語如何得轉耶。故以業思為轉。常入第四定故。

述記四十
卷一左三

心所俱生頌曰。五法五俱起九法必六俱九法必十四二十一十五三法起十六八法十七俱是心所相應慧者應當思。

述記四十卷二左一

瑜伽五十七二十二根中問世尊依何根處說如是言遠行及獨行無身寐於窟。答依意根處由於前際無始時故徧緣一切所知境故名為遠行。諸心相續一一轉故無主宰故名為獨行。無色無見亦無對故名為無身依止色故名寐於窟。攝論第四云。遊歷一切所識境故名為遠行。為證此義復說獨行無第二故言無身者無形質故寐於窟者居在內故言調此者於如是心作自在故難調心者性儱戾故。

述記四十卷十七右四

上座部勘有中有無何得說言中有必起潤生煩惱耶本計無中有末計有故已下文理唯識中看

述記四十卷二十右二

無想異熟威儀除行無在因中行入定故果難起故。

述記四十一卷二右六

瑜伽八十九受有八種初二內外後六即六六法所建立所以後勘前第三論抄注之。

述記四十一
卷十二左四

然不還者對治力強正潤生位不起煩惱等者於中有五難取下第五問應爲第一第二應爲第二第一爲第三諸如次。一問。如五十九云見諦唯以隨眠潤初聖亦以現行潤。既說異生現種潤異生應有唯種潤。答。聖多階降潤有現行異生類等故無唯種亦應聖生他地唯種潤生若生自地以現行潤故異生亦應爾若生自地未有治道故可用現生他地應唯種潤。今解不然。無漏道圓勢勝煩惱。無漏道缺或現便強。不同異生故不爲例。二難。初二果聖生自地潤通現行不還生自處義應現潤答此可爾準初二果故如處處不還等論略不說又理不然初二果未有圓道故可用現潤第三果已有圓道故設生自地亦唯種潤論不說以現行潤故唯初二果說用現故三難何故異生潤現種俱潤聖人但種種强彼耶答聖業決定業強可唯藉種異生業不爾故通現行問若爾者初二果業亦已決定應唯種潤答凡生苦逼善業微必藉現行方可潤聖生苦少善業勝由此唯用種子潤無漏亦可資有漏故不同凡夫又凡夫不覺生多少可藉煩惱現種皆助潤聖人知業多少定由此

唯用種子潤。四難六行所伏不伏潤生貪等唯伏散境貪等。何故凡夫得定而不下生潤業皆在乃生他地。答。藉助伴貪愛等故可潤生彼伴已亡力弱不能獨潤。由此不生下地。又凡造新業勝而上生聖由故業而生。有種卽生彼地。如凡夫在欲界具五趣之業隨一業勝而先生故。雖下業不無上業勝初先往若上業劣排之爲後報退失上定而生自界亦無有失。五難何故不許六識中俱生我見等雖得世道而不能伏雖得第三果下不能斷至上方斷如第七識耶。答。彼障果及障出自地故。不同第七微細不障果及出自地故。

述記四十一
卷十五左八

瑜伽第十二云。滅定中云先於其心善修治故不分別諸行相狀能入此定能出於定。由極多修習故任運能入出。出滅定時觸三種觸一不動二無所有三無相。出定之時多由三境而出於定一由有境二由境境三由滅境。如其次第觸三種觸。緣於有境而出定時無有我慢擾動其心謂此爲我乃至計未來我當有等故觸不動觸。緣於境境而出定時無貪無瞋無癡所有故言觸無所有觸。緣於滅境而出定時於一切相無思惟故緣無相界故言觸無相觸。此意言出定已緣三境有境者有爲五蘊卽以依非想相而入定心今出。滅境者卽以依滅盡相而入於定今出。於二之上無三煩惱之所有故觸無所有觸名緣境境引後不定隨彼出心不與入同。行相別故。或緣六塵而出於定總名境境。此唯是境之境。此說任運自在出定。若未自在而出定時緣於境界。雖無文說不過此三

述記四十一
卷十六右四

問。何故悶睡俱引無心悶則有觸塵之體睡不爾耶

睡有睡心所悶卽無耶。有心悶時此悶何也。由悶觸增引生悶位不同睡數引別位生故。無悶心所也。睡何故非觸塵能引心所卽是睡數能引悶觸卽是心悶故所以無也。悶或惛沈無堪任故。或悶卽依五蘊上假立。如生無色生死悶數卽本識相應六數也。

述記四十一
卷十八左三

五無心。三唯一界謂睡唯欲無想定生唯色。一通三界謂悶。一非界謂滅定。二唯一界起謂睡無想天。一通二界起謂無想定。一通三界起謂悶。一通三界非界起謂滅定亦在淨土起故。二唯善謂二定。三唯無記謂餘三。

述記四十一卷二十一右二

答等無間緣有六。一且隨他義答。二舉自正義答。三識起無初答。四例所同心答。五指喻顯法答。六別以理徵答。

述記四十一卷二十五右七

行相有二。一影像相名行相何故即似本境。二見分名行相何故不似耶。答影像名行相見分之行解相狀見分之行但境相貌見分名行相行於境體中故。如無分別智無狀相故似不似。又未必影像相一向似境無爲緣等即不似故。

述記四十二
卷七左十

三界唯心依有漏法以明唯識又說所緣唯識所現。依心生境以明唯識又說諸法皆不離心此依不離以顯唯識唯此一門具攝諸法又說有情隨心垢淨依內異熟以明唯識又說成就四智菩薩依修因以明唯識又伽他說心意識所緣等亦以所緣名爲唯識。

述記四十二
卷九左十

四智中初唯觀境次唯觀智三雙觀境心又初唯破

薩婆多次唯破經部後雙破。

述記四十二
卷十二右九

和上所立唯識比量云。眞故極成色不離於眼識自許初三攝眼所不攝故猶如眼識順憬師決定相違云。眞故極成色定離於眼識自許初三攝眼識不攝故猶如眼根。此如憬師抄解裕師邊取。

述記四十三
卷十右六

現量乖宗難中應敘薩婆多正量部大衆部及取他大乘心爲難解中應亦疏牒。

述記四十三
卷十三右十

他心智中應叙安慧師解二十唯識文。

述記四十三
卷十四右七

燈光舒光至彼逢對法第二彼云如燈光頓發聲亦爾勘抄。舒光者隨順理門頓發大乘義。

述記四十四
卷十一右九

謂諸異生求佛果者定色界後引生無漏彼必生在淨居天上大自在宮得菩提故此中問言瑜伽第四說四靜慮中凡聖同處天各由輭中上三品熏修故生無想天即廣果攝更無別處復有諸聖住止不共五淨居地謂無煩無熱善現善見及色究竟由輭中

上上勝上極品雜熏修第四靜慮故。復有超過淨居天大自在住處第十地菩薩由極熏修故得生其中。今觀義意熏修定等而招生者乃有四句。一唯有漏熏。如第八說捨福命行等分段生死及四禪中各三處生。論但言熏修不言雜修故。第十二言餘取雜修生五淨居不言生下故。有唯無漏修。如一切變易生死。有有漏無漏雜修。謂生五淨居者。第十二瑜伽云。謂如有一已得有漏及與無漏四靜慮長時相續入諸靜慮有漏無漏更相間雜乃至有漏無間無漏現前無漏無間還入有漏當知齊此熏修成就此為於定得自在故卽得等至自在果故卽現法樂住轉更明淨文由此故得不退道文淨修治解脫勝處等勝品功德能引之道若有餘取而命終者由此因緣便入淨居不說生下諸靜慮故卽依此修資先所造下三天業令其轉勝生五淨居非今新業能感異熟聖不造業故第四旣言極熏修第十地故第十地生彼八地已去旣受變易生如何十地更熏修生彼卽是八地已生第四定下三天處今極純無漏勝前三地業資感今業而得生彼據實非更新生以同地業於彼受果處往名生同地名生住處別故名之爲往不

相違也。第四句非二所資而生。即一切欲界異生等以色界等業定心住境名爲不動非不異處受故名不動。既言第十地菩薩四禪之主故於自在宮起十種果相現大寶蓮華座故要得生彼。非第八地已得生彼。唯說第十地極熏修故。又八地菩薩非彼主故。亦非變易有生死故設許死生何者新生業。

述記四十四　卷十五左六

第七識不說初起何界後生。以不定故。若說色界無迴心初起唯欲界。若說色界有迴心初起通色界。以定不在初起法空故若平等初起在色界身。

述記四十四
卷十七右五

無漏種子在識及無漏五塵在內即質變化第八皆不緣設因有無漏五根爲五識依第八不緣此有何失解云五根實者第八必緣假者不要第八緣色種子色等不要八緣方成實用故於因中無有無漏五根問色等可爾云何種子第八不緣而成實種子如相應法及第六識緣皆非實種何故不要第八緣有實種用此義應思

述記四十四卷
二十四右九

所緣緣必緣有者與五十二相違彼云緣無心生故

應會彼云。五識必有疏所緣者。此依觀彼業力界地。若定通力所變五塵。非必有本質。如生上界緣下界地色。或身在下起天眼耳緣上地色等。又解。異熟之心緣境浮淺。非要藉本質。第八識是。雖緣似他身。仍不名本質。前五識等有分別故。必杖本質緣異地時雖無自本識本質。有他變者為本質故。若爾。即前六識無時無本質。恒分別故。前解為勝。五識麤者行相易知。鈍者行相淺。不相續。劣者他引方生。無自力起故。本識等者。第六識所變。以帶質通情本。今隨本說故。

述記四十四卷
二十七左二

二十二根中幾欲界繫。答。四男女憂苦。十五少分。除三無漏及前四。幾色界繫。答。十五少分。幾無色界繫。答。八少分。意捨命信等五。幾不繫。答。三無漏。九少分。幾欲界繫欲界爲義。答。四。二欲色二界繫欲界繫爲義。三欲色二界繫以二界爲義。二欲色界繫及不繫一切繫不繫爲義。七三界繫及不繫一切繫不繫爲義。一色界繫及不繫一切爲義。二不繫一切爲義。問。五色根何義。答。色等五各別境。第六根何義。答。一切法界。男女根何義。因欲相應。卽觸所攝。五受根何義。

隨順苦樂憂喜捨受即六根義信根何義應得應捨所有境界精進根即於得捨俱無所憚念根於聞思修憶持不忘定根何義答奢摩他毗鉢舍那慧根何義所知眞實未知當知根何義修現觀者從善法欲已去於一切方便道中即彼五根義即是此根義已知根從預流果乃至金剛喩定五根義是此根義具知根從初無學道乃至入無餘涅槃五根義是此根義依六十九及對法第九第十及第十三並明修應廣分別地已前得行二修有漏唯得修無漏若在見道得行二修無漏得修有漏七地已前二修通有漏

無漏八地已後二修俱無漏得修有漏受為十王位故若出世間智世出世間智已辨修幷上下修串習未串習等何位起不起一切皆如理應思三無色中無四善根故無漏見道所言有者故知修有漏曾得故對法已知根或十或九根憂根在中即通有漏有漏信等修道位中亦是已知根此中雖除憂根何故不取有漏信等耶若言以無憂有漏皆除即未知根既除憂根亦應不取餘有漏有漏彼既皆取此亦應爾初根欣樂心深憂根亦是此根有漏劣於無漏無漏之者是根據實而言有漏亦是除劣取勝但說無

漏為已知根其具知根若成無學卽通有漏為根增上不取有漏有漏者名為信等不名具知根其已知根亦應準此文言無漏故故有漏者亦所除中一增上義是根義云何增上義立根為顯於彼彼事彼彼法最勝義故非一根法於一切法有增上義故意顯於別別法中有最勝義故立為根二廢立五十七八復次釋廢立取境六續家族二活命一受業果五世間五出世淨三依此量立根能受顯隱境八受用時邊際一受境發雜染五立清淨後根心所依此別此住此雜染此資糧此淨由此量立根三假實者十六

實六非實謂男女命三無漏男女身根小分命根即意種子故是假有三無漏九根分故六假四心心所色不相應無爲分別者七色是色眼等五及男女一心謂意三小分三無漏小分十全心所謂五受信等五及三無漏根少分一不相應謂命根一切有爲無爲非根五幾善八唯善謂信等五三無漏八唯無記謂七色及命根一根通善不善謂憂根五根通三性謂四受及意六幾欲界繫四唯欲謂男女憂苦十五少分謂五色根意命三受信等五除三無漏根即前十五少分色界繫八少分無色界繫謂信等五意命

捨三無漏根九根少分之不繫七未至幾可得。答。十一意喜捨信等五三無漏。初靜慮十八根可得除憂苦男女。第二定亦爾。第三定十七除喜根。第四定十六除樂前三無色十一謂命意捨信等五三無漏非想八除三無漏根。

述記四十五
卷一左三

十因之義如別章說。

述記四十五
卷三左七

見聞覺知。如對法第一抄。

述記四十五
卷十左三

無間滅及境界疏中或三或四依處何故眞見隨順二中無無間滅。答眞攝受六辨無漏法。若爾有二等無間眞見取前無漏引後生故。不取等無間滅隨順下引中故。

述記四十五卷十右三

六十六明有因法云又先所作諸業煩惱於三界中異熟果勝此異熟果由業煩惱引發因故名有因法者。此非十因中第六引發因。引發因論不說得異熟果故。此是望定別因等隨其所應。異熟因者對滿別果假立引發因名。疏相引發故對滿果滿因說故。

六種相違。三十八說一語言相違二道理相違三生起相違四同處相違五怨敵相違六障治相違。

述記四十五　卷十二右一

雖二因內有非能生因種勝顯者。此二名牽引生起。

述記四十五　卷十七右九

潤未潤別得果顯故相續無斷故。

述記四十六　卷一左九

五果如別章說。

述記四十六　卷三左八

三十八既說無記攝土用即田水等故知別法亦名

士用不爾無記應無此因上八種依處俱說無記故旣知作用士用依處卽田水等明知士用果不唯假者得。

述記四十六
卷八右九

若異熟果牽引生起定異同事不相違因得者此說雜染十因得異熟果若無記法十因準三十八不得此果彼亦無記爲隨說因觀待因同事不相違因及以無記爲相違因故其清淨十因中二因得異熟果謂攝受因及相違因清淨攝受因者謂親近善士聽聞正法如理作意法隨法行及先所作諸根成熟名

攝受因。卽顯此與出世法爲攝受因故得異熟果。相違因者若清淨品諸相違因卽是雜染法因故得異熟果。由此同事不相違亦得異熟卽攝受因故。論中據雜染因故無有失。或此皆非清淨法因。以清淨法爲果故無異熟果。

述記四十六　卷九左五

等流果三種十因皆得。

述記四十六　卷九左九

離繫果唯清淨因得。非餘二。雜染法相違因何故不得離繫果。三十八云謂出世間種姓具足値佛出世演說正法親近善士聽聞正法如理作意法隨法行及與一切菩提分法是雜染法相違因故由此亦說得離繫果。然彼解清淨法因云若雜染品諸相違因當知即是清淨法因故。如雜染相違因亦得離繫果。此中但說清淨順因故略不說。又與雜染爲相違因雜染法非離繫果故不得。

述記四十六
卷九右三

士用果不說生起因等得者。前第二卷云能熏生種種起現行如俱有因得士用果第七末云此生士用果名一切種。云何不說因緣得士用果。有二解。一云如小乘非大乘義許。二云如彼文亦得。此中據別體士用果非雜體故不相違。

述記四十七卷九左二

攝論第四云。此復云何謂身身者受者識彼所受識彼能受識世識數識處識言說識此由名言熏習種子。若自他差別識此由我見熏習種子。若善趣惡趣死生識此由有支熏習種子。由此諸識一切界趣雜染所攝依他起相虛妄分別皆得顯現。三熏習中以八門辨。一出體。二釋名。三廢立。應思之。四三界無色界定果色聲有亦無失。五三性。六八識。七有無漏。八位次。

述記四十七
卷十右九

何故第二卷說能變唯有等流異熟不說我執此中說耶。

述記四十八
卷四左七

論說識支既是所引即顯業種能引業收如識即業爲能引識種名色收與三種二種緣生相攝。

述記四十八
卷十左三

問何緣發業要現無明潤業位中亦通唯種答二理皆齊若不放逸內異生福不動唯種發故經說言非

無明發若種亦不發何得稱爲非明爲緣非違有支與見諦何別由此故知唯種亦發問若爾何故生上初行支不唯種發有現無明爲勝因起迷眞實義愚現見有故不同不放逸異生。八十九云能取所取所爲取名取支者欲界生惡趣極重者見惡相已不生希求欲界業輕引及上二界死生惡趣者不見惡相見往同類相遂於當生希求愛緣起不依前義故說希求總愛見所有支義不爾上界下生惡趣應無愛取現在未來俱不愛故。

述記四十八

卷十二右七

十二支廢立。如中邊第一。覆障及安立將道攝圓滿三分別受用引起并連縛現前苦果故唯此惱世間三二七雜染由虛妄分別。

述記四十九 卷一左六

此中假支攬他為自名假。不攬他為自名非假。不說自支中無體用名假。行中有假名思等色故。

述記四十九 卷一右三

識唯一事違第九瑜伽彼取六識故。九十三云彼依一切相續為論非實支體此說實故。

述記四十九 卷十二左九

應斷之法者。五十九說。從彼相應及所緣故煩惱可斷。所以者何。對治道生煩惱不起得無生法是故說名斷彼相應相應斷已不復緣境故從所緣亦說名斷。然六十五說由五相故建立有漏。一由事故二隨眠故三相應故四所緣故五生起故。云何有漏法事。謂清淨內色及彼相依不相依外色若諸染汙心心所若善若無記心心所等。此有漏法隨其所應由餘四相說名有漏謂隨眠故等。若於清淨諸色及於如前所說一切心心所種煩惱種子未害未斷說名隨眠亦名麤重。若彼乃至未無餘斷當知一切由隨眠故說名有漏此中意說於淸淨色若染善無記心心所等由諸煩惱所有種子未害未斷卽此種子說名隨眠亦名麤重故由隨眠說名有漏於此心所若染汙心心所由相應故說名有漏與彼俱故若諸有事若現量所行若有漏所生增上所起如是一切有漏所緣故說名有漏此中現在名爲有事過去未來名非有事卽現在中若依淸淨色識所行名現量所行此意卽五識及俱意所緣五塵名現量所行若餘所行名非現量所行若內諸處增上生起一切外處名有漏所生增上所起卽第八識等所變外處或雖現

量所行非所緣故成有漏謂一切定心境界等故復第三重言有漏所生增上所起唯在五六八識所緣五塵唯彼所緣當知有漏所以者何若緣去來起諸煩惱過去未來非有事故不由所緣說名有漏若現在事非現量所行如清淨色及一切染汙善無記心心所彼亦非煩惱所緣故說名有漏但由自分別所起相起諸煩惱非彼諸法為此分明所行境故準此唯有五境現在本影二塵名所緣有漏餘一切非由生起故成有漏者謂諸隨眠未永斷故順煩惱境現在前故於彼現起不如理作意故由此因緣諸所有

法正生已生或復當生如是一切由生起故說名有漏又從一切不善煩惱諸異熟果及異熟果增上所引外事生起如是一切亦生起故說名有漏乃至廣說生起有漏之相正生者漏俱當生者引起已生者間生幷相應所緣合有五例此說有漏雖五相殊論其斷門正對治斷莫過二種親疏二種皆所緣縛故論說斷莫過二種今說義別親疏有異故有現量所行等異若不爾者第七緣第八應不名藏能緣斷故說所緣斷由此但應如此中說又解彼二斷者隨轉理門今據實義故說有漏有其五相然諸有漏略爲

五例。第一八天外五塵唯由一所緣縛名有漏。不在內故非漏俱。第二善趣五根內塵由二成有漏。謂所緣漏俱。以在內故。其不善業外塵亦二。一所緣二漏引。第三除惡趣果餘無覆無記心心所由三緣。一所緣如第七緣八等類。二漏俱三間生。惡趣內五根四塵亦由三緣。謂所緣漏俱漏引。第四善心心所由四緣。謂所緣漏俱間生漏引。其惡趣果無覆無記心心所亦四。由不善有漏之所引故。第五一切染汙心心所由五緣。謂所緣漏俱間生漏引相應。大乘相應所緣二縛與小乘異。漏體謂煩惱及隨。八識徧行別境不定四性是無記與善十一相應名善其心心所與煩惱及隨煩惱俱名染心心所其煩惱及隨自性斷法其俱識等相應名斷即染一切心心所皆相應斷餘不染法是所緣斷疏所緣通一切有故論文中自性斷者即染心心所離緣彼煩惱者即親疏二所緣雜彼煩惱者謂俱生雜引生雜間生雜三種雜也由此應分別第八識能緣善趣二義一所緣二漏俱惡趣有三加漏引第八現行相分隨善惡趣亦爾然諸種子相分隨諸現行分別具義外塵不爾第七識見分五緣一相應二所緣三引起四間生五漏俱是染

汙故相分通情本二性故唯有所緣漏俱亦得漏引像在心故染見引故第六識見分通三性如前三性心心所說無記中威儀工巧二心由三謂間生俱生所緣此中所緣由緣種子現行亦不名所緣去來無體現在必無染心所緣故餘皆準此其異熟心由四此三中加漏引其通果無記心心所由二緣一所緣二漏俱善心心所由四謂漏俱間生所引所緣染汙由五其相分中一切異界緣無漏緣無本質緣皆名獨影準能緣說但除相應其善趣有本質獨緣五根及內五塵等由二緣謂所緣漏俱其惡趣外果亦二

謂所緣漏引。惡趣內根塵由三緣謂所緣漏俱漏引。皆同前根門。五識見分亦通三性皆同第六。相分善趣外唯所緣內通漏俱。惡趣加漏引。雖有如是有漏不同。但以相應所緣二縛增上斷隨二種。不依斷漏俱等名斷加前第七識第六證中分別。

成唯識論掌中樞要卷七

成唯識論掌中樞要卷八

唐京兆大慈恩寺沙門窺基撰

述記四十九卷十六右三

三受俱中識等六支既是種子云何相應。釋有二義。一依當生位說。二依隨順俱有義亦無違也。故種名俱。俱是相應之異名故。若爾依有支無當生云何相應。識等五種當有現行種說相應。有支威力曾於行支等中有相應故種亦說相應。或從識等當生位說。

述記四十九卷十七左五

三苦中若依生苦相。初二唯欲後一通三。若據其性。

苦苦唯欲有迫緣故。壞苦通色界有樂受故。如經中說入變壞心。後一通三界。

述記四十九　卷十九右七

決擇分說苦等四諦體如疏。攝事分中說十二分逆觀中生支及識等五皆是老死。集卽苦集。體同者集有二種。一招感異熟名集。卽決擇說唯業煩惱。二能生苦果名集。攝事品中生支等是。二論雖別不相違也。

述記五十　卷二右七

二種生死以八門分別。一出體二釋名三辨招生死差別相四解位次五解得處六四種生死相攝七會三種生死不同八問答分別體名問答三門如論其得處如前第七卷解第八識生無漏中說然應料簡諸果不同其位次預流等得初地即得如瑜伽決擇聲聞地及佛地論其三種生死不同如疏中引楞伽然且勝鬘及此論三種身依三乘決定楞伽唯依大乘頓悟怖煩惱者說或通說不定性差別勝位地前一劫與本無別所以不說辨招生死差別相者分段有二一散二定散中有二一如十二因緣生唯欲界全上界少分依生得善得報別二依勝聞思生得善

心轉延福壽雜資所起唯在欲界。心猛利故。定中有三。一有漏定願轉福壽行唯欲界有。二生四靜慮廣果天下及四無色唯有漏業熏三品禪生。三生五淨居有無漏雜變易唯二。一有漏發願等並無漏合資故業謂七地已前一切二乘皆已現行無明等爲緣。資二八地已上唯無漏定資現行智障等並已無故。攝四生死者無上依經云阿難一切阿羅漢辟支佛十地菩薩爲四種障不得如來法身四德波羅蜜何者爲四一者生緣二者生因三者有有四者無有何者生緣惑卽是無明住地能生一切行如無明生業何者生因哉是無明住地所生諸行譬如無明所生諸業何者有有緣無明住地因無明住地所起無漏行三種意生身生譬如四取爲緣三有漏業爲因起三種有何者無有緣三種意生身不可覺知微細墮滅譬如緣三有中生念念老死下文又云阿難於三界中有四種難一者煩惱二業難三者生報難四者過失難無明住地所起方便生死如三界內煩惱難無明住地所起因緣生死如三界內業難無明住地所起有有生死如三界內生報難無明住地所起無有生死如三界內過失難有有者有三界有異熟體

無有者無有苦苦等唯有行苦相以無漏資生死亦說爲難問答分別既得變易經三大劫亦有變易得百劫麟角耶答不得不以所知障爲緣故若所留身有漏定願所資助者分段身攝設許無漏定願所資助感其分段有何過失而不許耶以極勝故非分段收非變易者不能無漏資身久住勢力弱故

述記五十一
卷十四右四

對法十四說十分別謂無性分別有性分別增益分別損減分別一性分別異性分別自性分別差別分別隨名義分別隨義名分別廣如彼配釋般若經文

述記五十一卷十五左四

所偏計法唯言依他爲唯護法亦安慧耶。此二師文。護法親取相分安慧本質皆得三解俱得勘之

述記五十一卷三十左七

證三性之前後中與諸處三文不同如唯識章中會。

述記五十一卷三十一左四

何故二空理有淺深悟生不必悟法二性淺深不悟深時必不悟淺要達理方達事也。答。二理別障斷生執不悟法空二性無別障不悟本時不能悟末事未有先悟事而後悟生空故悟眞理方了俗事思之可

知。

述記五十一卷三十二右四

攝論第五說八喻喻依他云何無義徧計度時分明顯現似所行境爲除此疑說幻事喻如實無象而有幻象所緣境界依他起性亦復如是雖無色等所緣六處徧計度時似有所緣六處顯現無性下自解云此於內事生疑諸師解云此於內身色聲香等而生疑惑故說幻事喻天親菩薩有二復次釋第二解云此中幻喻爲除眼等六種內處譬如幻象雖實非有而現可得以此準無性色等所緣六處非是色聲香

等六處即是眼等六內處法眼等是色故說色等言色等六處理亦無妨不爾與第一所除有何差別古解云初是塵體第二是器界故二差別又如陽燄於飄動時實無有水而有水覺外器世間亦復如是又如夢中睡眠所起心心所聚極成昧略雖無女等種種境義而有愛非愛境界受用覺時亦爾又如影像於鏡等中還見本質而謂我今別見影像而此影像實無所有非等引地善惡思業本質爲緣影像果生亦復如是唯識云鏡像又如光影由弄影者映弊其光起種種影定等地中種種諸識於無實義差別而

轉。又如谷響實無有聲而令聽者似聞多種言說境界。種種言說語業亦爾。又如水月由水潤滑澄清性故雖無有月而月可取緣實義境之所熏修潤清爲性諸三摩地相應之意亦復如是。雖無所緣實義境界而似有轉。此與第四影像有何差別。定不定地而有差別。又如變化依此變化說名變化雖無有實而能化者無有顛倒於所化事勤作功用。菩薩亦爾雖無徧計所執有情於依他起諸有情類由哀愍故而往彼彼諸所生處攝受自體。無性解云應知此中喩有爾所虛妄執事。所謂內外受用差別身業語業三種意業非等引地若等引地若無顛倒於此八事諸佛世尊說八種喻諸有智者聞是所說於定不定二地義中能正解了。此中內者第一幻事喻所顯外是第二陽燄喻所顯受用差別是第三夢境喻所顯身業是第五光影喻所顯語業第六谷響喻所顯三種意業中初非等引地是第四影像喻所顯若等引地是第七水月喻所顯若無顛倒是第八變化喻所顯。天親菩薩二復次釋第二復次云說幻事喻為除眼等內六處說陽燄喻為除器世間說所夢喻為除色等所受用境顯如所夢色等定無而能為因起愛非愛受用差別說影像喻爲除身業果顯善不善業爲緣而有餘色影像生起說谷響喻爲除語業果顯語業因感語業果猶如谷響說光影喻爲除非等引地諸意業果顯此意業所得諸果猶如光影說水月喻爲除等引地諸意業果顯等引地諸意業果猶如水月說變化喻爲除聞種類意業聞種類者卽是聞思之所熏習此卽顯示聞種類意差別而轉猶如變化此意爲除內外受用差別身語業果三種意業故說八喻與無性不同金剛般若云一切有爲法如星翳燈幻露泡夢電雲應作如是觀此中九喻天親菩薩

釋云別喻九事謂見相識器身受過現未世故說九喻。各依別義不可會同。釋頌異故。中邊論說八喻通依他所執二性。似喻依他實喻所執。亦不相違。

述記五十一卷
三十二右六

攝大乘云如是菩薩悟入意言似義相故悟入徧計所執。悟入唯識故悟入依他起性。若已滅除意言聞法熏習種類唯識之相乃至爾時菩薩平等平等無分別智已得生起悟入圓成實性。又云名事互為客其性應尋思於二亦當推唯量及唯假實智觀無義唯有分別三彼無故此無是卽入三性。初半頌悟入徧計所執。次半頌悟入依他起性。後一頌悟入圓成實性。成唯識云。非不見眞如而能了諸行皆如幻事等。雖有而非眞。如是上下三處不同。攝論初文。煗頂二位悟入所執。忍第一法悟入依他。初地初心入圓成實。攝論第二文。煗頂尋思悟入初二性。四如實智悟入圓成。成唯識文。要入初地方悟三性。雖有三文義理唯二。一者證。二者相似。成唯識中據實親證。由無漏二智眞俗前後方可證得。後二性故證二性時不見二取。卽名證彼計所執無無法體無智何所證。心所變無依他起攝眞如理無圓成實攝。故計所執不說別證但於二性不見二取可名悟入徧計所執然正體智達無證理多說此智證計所執雖見道前亦已不見未親得二不名證無故於初地方名證得攝論初文悟圓成者據實證得與唯識同悟前二性據相似悟長時多分意解思惟前二性故短時小分雖亦相似悟入圓成非長時多分亦非親證故據實說攝論次文悟入三性總據相似意趣而說創觀名事不相屬故名悟所執次觀唯有識量及假名等諸法雖未證實名悟依他如實智位雖實有相而未證眞二取俱亡與眞智觀相似趣入意解亦謂即是

眞如故實智位名入圓成實未悟入攝論據相似意解三性別名悟入唯識據眞實別證二性通證所執雖文有異而不相違餘所有文皆準此釋

述記五十二卷十五右七

無性無常對法等苦諦無常行皆有此行初除所執次觀依他故亦可性諦俱實

述記五十二卷二十右五

三解脫門與諸論攝行不同應如別鈔

述記五十二卷二十二右三

三性凡聖境中前後四文及應實說合五如理應思

述記五十二卷二十四左五

應總立三假謂應立一實一假眞如實勝義故如第一百卷說餘世俗假或不待此餘實如色受等待此餘假如瓶等或不待名言實謂一切法待名言假謂一切法如雜集第三疏釋瑜伽六十解業業道等與唯識第一相違勘之

述記五十三卷二左八

問愚夫於彼增益妄執者亦有邪見撥無何故唯言增益答以多分故執我法門必增益故說有三性遮損減門說三無性遮增益門

述記五十三
卷三左九

依他起無自然生者自然有二。一無因自然生舉此攝一切無因。二以自然爲因生舉此攝一切冥性等不平等因生。無此無因自然及無不平等因自然生故名自然無生。依他起中亦有無因惡因非一橫執。何故唯遮自然生耶。答且舉自然。餘不平等因皆是此收。此說三無性破非餘增益餘損減門。三性所違故非破無因。

述記五十三
卷三左十

依他起性名勝義無性論文但有無之言非非勝義

之性名勝義無性。亦有體是勝義無計所執名勝義無性是後得智所行義故如說是彼四勝義攝論略無之理亦有也。

述記五十三 卷六左十

唯識之中但有二對。何故不說前二以爲虛妄。無漏有爲非虛妄故。何故不說前二以爲世俗對勝義如說四勝義中初亦名俗故。今據有體名世俗。彼無體故理實亦有準二諦故。此中實性唯取眞如但有常無常門。不說漏無漏門者無漏有爲非實性故。

述記五十三 卷十一左十

攝論說四位修唯識。如唯識章說。

述記五十三卷
三十一右七

理實威儀工巧與所知障法執亦俱。今約孤行故言非威儀等亦不相違。據實執時非彼等心。是彼等心而不起執。

述記五十四
卷四左八

六度合以八九法或十一法爲體。徧行一謂思。別境四欲勝解定慧。善有四信精進無貪無瞋。並身語業表無表色如應當知。下自廣說同下六度中

述記五十四
卷四左九

三十七品以九法爲體徧行一謂喜受別境二謂念定慧善有四謂信進捨輕安色法一謂道其無表喜爲一謂喜覺支念爲四根力覺道各一定爲八四神足根力覺道各爲一慧爲九四念住根力覺支各爲一道支爲二謂正見正思惟思惟因中是依慧尋佛果唯慧瑜伽五十七云三十七品與五根云何相攝道品攝根非根攝道謂語業命喜安捨故正思惟其體卽慧信爲二謂根力精進爲八謂四正斷根力覺道中各爲一捨爲一謂捨覺支輕安爲一謂安覺支無表爲三謂正語業命故九開成三十七

述記五十四
卷四右一

四攝事施以無貪及三業爲體。愛語以語業爲體。利行同事三業爲性。謂無貪及思假實和合說故。

述記五十四
卷四右一

四無量以三法爲體。謂無瞋不害及捨。喜以不嫉爲體。體卽無瞋。故唯三法。

述記五十四卷
二十三右九

四善根旣唯色界五地。卻照無色無無漏見道故。是有漏修也。如前說。

述記五十四卷
二十四左九

入見道唯依欲界善趣身起餘慧厭心非殊勝故者。此依所知障俱有煩惱障對治或唯斷煩惱障入見道義非依唯斷所知障對治義。以欲界見道煩惱有不善及五趣四生厭心可深能入見道。上界不爾。若唯斷所知障不藉深厭心但求菩提不欣解脫。上界亦得。故有聲聞色界迴心入見道等。此說直往彼說迂會亦不相違。

述記五十五 卷三左二

七十三解無相取有數十番解應勘敘之。問若許無分別智有見無相如自證分何不即緣自證若以內外取故不得者旣爾應成相分所攝卽自體故不成相分者卽自體故應緣自證若以相性別故不得緣者相性別故應相分緣彼無相故不可爲例又應無分別故說非能取實有見分亦應無差別故名爲無相實有相分相謂相狀狀貌無此狀貌體相之法非無境體以無分別差別相故名無相分見分之言通非分別故彼智有見

述記五十五
卷四四右四

四道一二師說勝進道緣何爲境卽緣解脫道境更無別行相思之

述記五十五
卷五左一

有義漸者依疏以三心爲漸五十九說三心爲頓準此文釋頓通一心三心。諸釋漸如別鈔多少別引。

述記五十五
卷六左四

三心分麤細如第一鈔顯解。二乘見道爲唯安立亦有一心非安立有二說或有或無。其三心見道二乘者唯斷人執唯依二心非安立亦何妨。

述記五十五
卷十左八

二種十六心上下諦境。在前作初十六心。在後作初麤觀事後細觀理故。又諸教唯說道類智名已知根。

建立預流果故。今以相麤顯故。所以先說觀智後說現前不現前。言以欲界身入現觀論非即於色界入現觀亦爾。彼言下上界別故。此十六心獨覺一坐聖者如何不說。亦作不出觀期心未滿雖至第十六心不名第三果。若非想斷九品障無間解脫刹那思之可知。若不作此相見道者有何意也。思之。三種現觀勘鈔敘。

述記五十五卷十五右三

對法十三說十現觀。一法現觀最勝順解脫分善根所攝清淨勝解。若準瑜伽六現觀唯取喜受相應思所成慧。若準顯揚十八現觀通聞思修最勝三慧。然對法解義現觀由卽於如上所說法中如理作意增上緣力故。知法觀亦卽思慧。如理作意故。今依唯識唯取思。二義現觀卽最勝順決擇分。一坐煗爲下品頂忍爲中品世第一法爲上品。三眞現觀謂見道四後現觀謂修道。此二共唯識別。唯識約安立非安立別對法約道位別亦不相違。五寶現觀卽信現觀得四不壞信。唯別取無漏。瑜伽等寬通有漏故。或能越惡。對法但說寶名。唯識通取一切信。六不行現觀謂戒能遮犯戒非不行。七究竟現觀同唯識。八聲聞九

獨覺十菩薩。此三約能證乘別故。唯識但約所證行
明廣名現觀。所以除決擇分。不約人爲論所以無三
乘。對法不約廣略但明明了親得名現觀。約人法爲
論所以有十。亦不相違。顯揚十七說六及十八。六同
此論。論十八者。一聞二思三修四決擇分智五見道
六修道七究竟道八不善清淨世俗智九善清淨世
俗智十勝義智十一不善清淨行有分別智十二善
清淨行有分別智十三善清淨行無分別智十四成
所作加行智十五成所作智十六成所作後智十七
聲聞等智十八菩薩等智現觀。此十八中分五位。初

七約五道以明現觀。次三依眞俗智以明現觀。次三依有無漏有分別無分別以明現觀。次三依加行根本後得三智以明現觀。後二依上乘下乘以明現觀。然此唯明慧觀觀察諸法。故不取信戒。然解脫分智定散有殊。三慧類異。故分三種。眞俗智中有漏唯世俗。無漏通二種。故合分三種。有分別無分別中亦有有漏無漏別。無漏通二。有漏唯有分別。依三業行以顯智殊。此中成所作非四智中成所作智。乃是本期所作智加行正體後得。如諸無漏智。上乘下乘因果通論。故但二種。故與唯識六現觀對法十現觀亦不

相違攝論第六現觀十一種差別即對法第十三聲聞菩薩現觀差別有十一更無別類

述記五十五卷二十六右三

八地已上菩薩不生欲界何故不名不還耶又有不定性欲還生欲界故頓悟菩薩還於欲界利生故

述記五十六卷十右六

建立六度中度度三相應互相攝六度以八法爲體無貪身業色語業聲意業思無瞋精進定慧或十一加欲勝解信偏行一思別境四欲解定慧善四信勤無貪瞋色法二三身語業三三界九地行相地前地上一

一行相。

述記五十六卷二十一左八

純四句一一自爲六度相望爲四句名。雜依種類福有四句不依有無句。

述記五十六卷二十二左六

六度五果應諸不同。

述記五十七卷一右六

異生性障卽分別障種三界具有名何異生若取能生有離下染上下分別染法皆起名何異生若取依此地第八有故得此地名應第八識自名異生何須

障種不爾菩薩十地此地第八識未斷故應成異生。由此應知取依此地第八分別二障種立。性唯染汙有覆性收。二障體定故望二障亦爾應思之。

述記五十七
卷三左五

聖性有解通取一切能生現行無漏種子不同異生性。彼能發業招生品類故唯見道故。

述記五十七
卷八右七

其惡趣果非染汙法。云何見道說爲斷也。如無餘滅。

述記五十七
卷十四右一

二地名離垢無誤犯三業。初地誤犯猶須思擇。此地不然如行之時蟲自分路任運不傷故無誤犯初地不爾猶有誤犯何故十障但說邪行二愚兼說誤犯三業是根本故彼亦邪行收第二釋云或唯起業不了業愚則邪行攝更無所少

述記五十七
卷十四右六

第三地闇鈍障於所聞思修法忘失者何故初地名已得不退此猶忘耶又菩薩地云勝解行位於久所作所思所說法有時忘失入地不爾如何今說有忘失耶定位所得多分忘失地前猶有地上咸無名證不退其聞思修所得猶少有退忘非多又無漏所得

無忘有漏所得三慧境猶忘亦不相違三定成無也。又應不是退也。

述記五十七
卷十七右五

何故諸地十障皆舉少分唯第二第三地第五第六第七第八第九第十第十一障攝二愚皆盡攝法盡故唯有初四地有通有別初地異生性本故惡趣愚末故此依前釋若依後釋即總攝盡更不須說第四地障身見等不入二愚中二愚不說為十障有何意也答二愚據因前地所起說與後為障身見等據久遠所行名十障又十障據因說身見等能起諸煩惱

故後二爲果正能障故說爲二二愚不相違也。

何故餘地障皆有二二愚唯第四地障不卽二二愚異生

述記五十七卷十九右三

旣不斷麤重云何二二靜慮斷苦根麤重。二乘亦如是。

今解凡夫少伏現行麤重。二乘亦能分滅定障少分種子苦根麤重亦得何妨如理應思。

述記五十七卷二十五左七

何故九地障三無礙解爲一障餘一無礙解爲一障。有何意也。要達前三方辨說故。前後輕重等故開合不同。

述記五十七卷十六左四

第十地障神通爲一智雲及所含藏爲一者。內德外業有差別故。

述記五十八卷二左一

菩薩以煩惱助願受生中唯以現行勢力遠資非如潤生愛等。如行殺生貪瞋等惑方能利樂。未得無漏勝道利生故以貪瞋引無漏道方始能利名爲助願。非如貪等潤生用之。由此應爲四句分別。有唯現潤非種謂七地前菩薩有唯種潤非現謂第三果。有俱潤謂一切異生。有俱非潤謂變易及化身等。留煩惱本擬潤生八地以去無分段死不藉煩惱助潤何故不斷耶答如初地怖煩惱即伏而受變易亦如二乘有學迴心即受變易雖無分段不斷煩惱所以者何煩惱雖非親助潤變易如分段生遠勢亦有又惑種在變易時長不假數資若無惑種變易時促如二乘無學願數數資然有四句唯定勝無惑助亦不長時受變易如二乘無學迴心雖有惑種助無勝定資亦不長時如二乘有學迴心有惑助及勝定資即變易長時受如十地菩薩故願留之不同二乘斷之不得非故留也又二乘但種助不由願資而不名留菩薩

正由願資傍由種助故說留之。若卽斷之於生無力。或因亡果隨盡故。又由菩薩意樂菩提。十地練根不假斷煩惱。煩惱在不障得地故名留。

述記五十八
卷二右二

俱生地前漸伏地上伏盡。此依六識爲論。何故見所斷煩惱隨所知伏與不伏。俱生煩惱獨入地伏不隨所知。所知後伏煩惱先伏。見所斷不爾。見障利故同時修障鈍故漸次。又見道猛修道不爾故。

述記五十八
卷六左五

應說。三乘斷見修別。第七識頓斷中任運簡見道一切。內起觕修道外緣事獨頭貪瞋癡等。以此二義故無麤細。無麤細言觕修道內外緣迷理身邊二見及此相應。九地斷有麤細故。如是總觕一切惑盡。

述記五十八
卷六右三

見道頓斷。五十九三心亦名頓。然所知煩惱二障各分為二。云何為二。若以九品麤品先斷則如十地修道應先斷麤若以隨所障道以辨麤細九地不定。即煩惱品云何隨所知以明麤細。此義應思。今解云如十地修道地地所斷初為麤後為細。煩惱隨彼以說麤細。此亦應爾。見道中自分別力麤先斷他引力細後斷。

述記五十八
卷六右五

一類二乘三界九地品品別斷中有二義。一云闕無超人。二云此中兼盡先世道亦九品後不伏者亦九品故。菩薩利根見道既許分三二乘根鈍見道應有三品何故彼唯一此有三菩薩二障爲三二乘一障爲二。分麤細故。

述記五十八
卷七左一

有先伏煩惱超得第二三果無先伏所知而超入二地然入地已如聞半頌以捨身亦有超者。然無超大劫。以極難斷故等。此義應思。

述記五十八 卷八右八

六十九有前勝進即後加行後所有道即前勝進文。與對法同。四道以諸門分別作用二釋。

述記五十八 卷十六左一

損力益能轉中有懺悔罪滅。應敘六十卷業有四謂異熟決定時決定二俱不定二俱定。及阿羅漢受殘苦等處阿闍世王五逆業滅。瑜伽云依未解脫者建立定業爲二解和會應知。

述記五十九 卷二右二

有漏曾習相執所引等者。今觀此意有漏觀心由俱第七惑前相執勢所引故乃順於障不斷隨眠無漏不爾。

述記五十九
卷三左七

初有義根本無分別智親證二空能斷隨眠者。故六十四云若安立諦已立爲諦何須復說非安立耶。答由安立諦取於有相以有相故相縛未脫相縛未脫故於麤重縛亦未能斷由此準知唯無分別智斷諸隨眠。

述記五十九
卷三右五

第二有義後得無分別智斷迷事隨眠者。解前文云前據斷迷理隨眠非斷迷事。又前約斷究竟一切麤重非因位中斷二障種語。又前約有漏安立及無漏安立諦語非後得緣非安立語。亦無分別相故。即彼論云若不要緣非安立者有於淨定心順決擇分者轉緣諸諦時應斷隨眠等。彼既不爾故但簡有漏等非爲盡理。不果披彼文應尋之。

述記五十九
卷四右四

疏中但有二乘用之非菩薩。今更解菩薩亦用此智。十地中非念念唯斷法執。故亦別時斷非法執所知障故。前師釋修道中世出世斷道者。此依菩薩修道有獨用無分別智名世出世道。有眞俗合用智斷。此舉勝者。下下地者斷障雖不由俗。然必俱時。若不爾者豈後勝地要唯無分別智不與後得俱方斷惑耶。初唯出世斷通三乘後兼菩薩故作是說。一理教齊任情取捨。

述記五十九
卷十一左六

大涅槃體有二義。一理三事。即於眞如有摩訶般若解脫法身三義故。二一體三事。三體各別故合名大涅槃。

述記五十九卷二十二左七

四智如佛地各有十喻應勘敘之。

述記五十九卷二十九左五

十地不起無漏五識。比量云。十地有漏五根必不能發無漏五識。有漏不共必俱同境根所攝故。如地前位。

述記六十卷十九右三

說常樂我淨等以除二乘四顛倒心故。二乘正證此法性者非作常無常等解。由加行心作此無常等解故入後出觀時復觀前觀不審所緣便見加行謂是眞智所緣亦是無常等便謂眞實諸法無常等。諸加行心及有漏後得雖非是執性皆是善。然由六七法執未亡故引有漏善心而作此解。於法執所引之果有漏觀心上說能引法執障爲顚倒。若無法執時此觀不生故。由前凡位起四顚倒或十二倒。謂想心見等執身等爲淨。佛爲除彼說無常等行爲非常等。令其趣證。論其眞理非常無常。然二乘者由隨佛方便言及執引故作無常等解。令爲除彼令證極果說此眞如爲常我等令起此行方便趣入證其法也。正證彼時非常無常。諸佛或說我或時說無我。諸法實相中無我無非我餘皆類然此依護法唯六七有染心有執爲論其八地以前起下乘般涅槃障細生滅等障皆準此釋故八地以去皆不論現行觀心爲障其安慧因中無漏一切有漏皆有法執故說二乘無漏心等爲四顚倒八地以前說功用加行爲障不爾加行道應非二愚攝由此一切有漏善心等及因無漏皆有法執今論眞理非常無常等爲斷法執無常等故說爲常樂等也衆善所依顯性無貪瞋癡等種種煩惱目之爲善能順諸善與善爲依故具功德

述記六十卷十九右八

法身正自利言顯不同利他展轉說故其自受用身修因本爲利他故修文爲利他所依止何故不說對他受用等自利義微所以不說理亦不遮他受用變化何故不說自利諸佛利他即自利故理亦應然意爲利他變現生故從意樂說爲利他故前資糧位云一切功德皆屬二利隨意樂力今此隨增上故三身別。

述記六十卷二十一左三

自受用身如淨土量偏法界者應作二解一實爾二依用說智是佛故以所證無邊故如世間言所見處

高言眼孔大所學廣故說智慧大。

述記六十卷
二十二右三

四智緣境門中自受用土唯淨無漏餘不見故唯佛所知。他受用土本唯無漏淨見者唯淨。一切不善諸異熟果皆已無故然通有無漏第八五識所觀有漏故見者居穢土。利樂有情亦爲現穢見亦通穢通諸識境化土本唯無漏然有淨穢見者亦爾通有無漏然有淨穢。十地菩薩亦得見故上知下故然由本爲十地菩薩現淨土故論說化土有其淨言化土本爲地前等見不別言淨總說見身土各據增勝本爲而說亦不相違。下不知上故地前二乘必不見無漏淨土。此中諸土皆四智境由隨增勝本擊發因說智別現不爾便有非偏智過。

述記六十卷
二十三右八

若佛五蘊許是蘊等收何故不許佛是有情攝。有情依異熟佛非有情攝持性名為法佛可法所收。

述記六十卷
二十四右九

純雜義解由增劣不同但依親相分說。若依影質復說不同影中自地變純通力引雜非通力。中八緣現純緣種雜。第七識中得名影純雜影從見質說。性故五識善惡心雜無記心純。第六五俱等通法應思準。

假實中約識分別復別有無對有爲無爲對有漏無漏對自界他界緣對思準純雜。

成唯識論掌中樞要卷八

國家圖書館出版品預行編目資料
成唯識論掌中樞要／（唐）窺基大師撰述. -- 初版.
-- 新北市：華夏出版有限公司, 2024.09
面； 公分. --（圓明書房；076）
ISBN 978-626-7519-03-5（平裝）
1.CST：瑜伽部

222.13 113009237

圓明書房 076
成唯識論掌中樞要

撰 述 （唐）窺基大師
出 版 華夏出版有限公司
220 新北市板橋區縣民大道 3 段 93 巷 30 弄 25 號 1 樓
電話：02-32343788 傳真：02-22234544
E-mail：pftwsdom@ms7.hinet.net
印 刷 百通科技股份有限公司
電話：02-86926066 傳真：02-86926016
總 經 銷 貿騰發賣股份有限公司
新北市 235 中和區立德街 136 號 6 樓
電話：02-82275988 傳真：02-82275989
網址：www.namode.com
版 次 2024 年 9 月初版一刷
特 價 新臺幣 650 元（缺頁或破損的書，請寄回更換）

ISBN：978-626-7519-03-5